Antiguo Oriente Próximo

Una guía fascinante de las antiguas civilizaciones del Oriente Próximo, incluyendo regiones como Mesopotamia, el antiguo Irán, Egipto, Anatolia y el Levante

© Copyright 2021

Todos los derechos reservados. Ninguna parte de este libro puede ser reproducida de ninguna forma sin el permiso escrito del autor. Los revisores pueden citar breves pasajes en las reseñas.

Descargo de responsabilidad: Ninguna parte de esta publicación puede ser reproducida o transmitida de ninguna forma o por ningún medio, mecánico o electrónico, incluyendo fotocopias o grabaciones, o por ningún sistema de almacenamiento y recuperación de información, o transmitida por correo electrónico sin permiso escrito del editor.

Si bien se ha hecho todo lo posible por verificar la información proporcionada en esta publicación, ni el autor ni el editor asumen responsabilidad alguna por los errores, omisiones o interpretaciones contrarias al tema aquí tratado.

Este libro es solo para fines de entretenimiento. Las opiniones expresadas son únicamente las del autor y no deben tomarse como instrucciones u órdenes de expertos. El lector es responsable de sus propias acciones.

La adhesión a todas las leyes y regulaciones aplicables, incluyendo las leyes internacionales, federales, estatales y locales que rigen la concesión de licencias profesionales, las prácticas comerciales, la publicidad y todos los demás aspectos de la realización de negocios en los EE. UU., Canadá, Reino Unido o cualquier otra jurisdicción es responsabilidad exclusiva del comprador o del lector.

Ni el autor ni el editor asumen responsabilidad alguna en nombre del comprador o lector de estos materiales. Cualquier desaire percibido de cualquier individuo u organización es puramente involuntario.

Tabla de contenidos

INTRODUCCIÓN 1

CAPÍTULO 1 - MESOPOTAMIA: EL NACIMIENTO DE LA PRIMERA CIVILIZACIÓN 3

    SARGÓN: EL EMPERADOR ENTRE REYES 4

    EL ASCENSO DE UN IMPERIO Y LAS CIUDADES DE LA LUCHA DE SUMERIA 8

    LOS HIJOS DE SARGÓN EL GRANDE Y LA CAÍDA DEL IMPERIO ACADIO 11

    CULTURA, GOBIERNO Y FUERZAS ARMADAS DEL IMPERIO ACADIO 14

CAPÍTULO 2 - EGIPTO: LA UNIFICACIÓN DEL ALGO Y BAJO EGIPTO Y EL NACIMIENTO DE LOS FARAONES 17

    NARMER: EL FUNDADOR DE LA PRIMERA DINASTÍA Y EL FARAÓN DE UN EGIPTO UNIDO 21

    EL ASCENSO Y LA CAÍDA DE LA PRIMERA DINASTÍA EN EGIPTO 22

CAPÍTULO 3 - IRÁN ANTIGUO: DE LOS PRIMEROS ASENTAMIENTOS URBANOS AL ASCENSO DE LOS ELAMITAS 28

    LA CULTURA ELAMITA EMERGENTE 30

    LAS TRES DINASTÍAS GOBERNANTES DEL ANTIGUO PERÍODO ELAMITA 31

    CULTURA, GOBIERNO Y MILITARES DE ELAM 36

CAPÍTULO 4 - ANATOLIA: EL PUENTE ENTRE ASIA Y EUROPA Y EL ASCENSO DEL ANTIGUO REINO HITITA 39

    EL ASCENSO DE LOS HITITAS EN LA ANTIGUA ANATOLIA 41

CAPÍTULO 5 – EL LEVANTE: EL REINO DE EBLA Y LAS CULTURAS DEL ANTIGUO LEVANTE 47

El ascenso y la caída de Ebla y otros antiguos reinos sirios 48
Cultura, militares y fobierno de Ebla 54

CAPÍTULO 6 – EL ASCENSO DEL IMPERIO ASIRIO Y BABILONIA DE LAS CENIZAS DE AKKAD 56

La tercera dinastía de Ur 58
El ascenso de Babilonia y la primera dinastía amorita 61
Cultura, gobierno y militares del Imperio asirio 64
Cultura, gobierno y fuerzas armadas en la Babilonia de Hammurabi 66

CAPÍTULO 7 – EL ANTIGUO Y NUEVO REINO DE EGIPTO: EGIPTO DINÁSTICO Y EL ASCENSO DEL PODER EN LAS ORILLAS DEL NILO 68

El ascenso de la dinastía XVIII y el nuevo reino de Egipto: El Imperio egipcio 79
Monoteísmo en Egipto con el faraón Akenatón y la reina Nefertiti 81
El reinado de Tutankamón y el fin de Amarna 84
El apogeo y el fin del nuevo reino: los reyes guerreros 85
Cultura, gobierno y militares de Egipto 88

CAPÍTULO 8 – LOS REINOS MEDIOS Y NUEVOS DE LOS HITITAS: LA EDAD OSCURA Y LA GLORIA DEL IMPERIO HITITA 91

El legado de Tudhaliya I: El Nuevo Reino y el ascenso del Imperio hitita 93
Hattusili III, el rey de Guerra, y la desaparición del Imperio hitita 98
Cultura, militares y gobierno del reino hitita 101

CAPÍTULO 9 – MÁS ALLÁ DE LAS GUERRAS Y TRONOS: LA VIDA COTIDIANA DE LA GENTE COMÚN EN EL ANTIGUO ORIENTE PRÓXIMO 103

La vida cotidiana en Mesopotamia 103
La vida cotidiana en el antiguo Egipto 105
La vida cotidiana en el reino de los hititas 107

La vida cotidiana en la Babilonia de Hammurabi 109

CAPÍTULO 10 - EL NACIMIENTO DE LAS RELIGIONES EN EL ANTIGUO ORIENTE PRÓXIMO: LA CUNA DE LA CIVILIZACIÓN Y LOS DIOSES 111

Religiones en Mesopotamia 112

Religiones en el antiguo Irán 112

Religiones en Anatolia 113

Religiones en el Levante 114

Religiones de Egipto 115

CAPÍTULO 11 - POLÍTICA Y RELACIONES INTERNACIONALES EN LA MEDIA LUNA FÉRTIL 117

CONCLUSIÓN 120

VEA MÁS LIBROS ESCRITOS POR CAPTIVATING HISTORY 122

REFERENCIAS 123

Introducción

¿Dónde aparecieron los primeros signos de civilización en el mundo antiguo? ¿Cuándo empezó la gente a pasar de la vida nómada de cazadores y recolectores a vivir en los primeros asentamientos urbanizados? ¿Quién fue el primer emperador de la historia? ¿Qué imperio era el más fuerte y poderoso, y durante cuánto tiempo? ¿De dónde vino el título rey del universo y quién era el rey verdadero? Todas estas respuestas están ocultas en la historia antigua de la Media luna fértil, y ahora, se revelan a usted en nuestra guía completa y fascinante de las antiguas civilizaciones del Oriente Próximo. Tome un viaje en el tiempo para conocer al primer emperador y la misteriosa leyenda que rodea sus orígenes. Averigüe quién fue el primer faraón en unir el reino de Egipto, y descubra la época en que una mujer gobernaba la antigua Mesopotamia. También tendrá conocimiento sobre las primeras personas que habitaron el Levante y Anatolia, y cómo Persia perdió su hegemonía en el Levante. Acompáñenos mientras descubrimos el poder de la agricultura, el comercio, la escritura y el comercio, hasta el ascenso y la caída de los primeros imperios importantes del mundo.

Entre mitos y hechos, se puede descubrir un mundo antiguo que puso la primera piedra en la base de la civilización. El hermoso Oriente Próximo, cuna de diferentes etnias, nacionalidades, leyendas y religiones, ha ido desvelando lentamente sus antiguos secretos, y en estas páginas, se puede recorrer los pasillos del tiempo para descubrir un pasado lejano que dio vida a la sociedad tal como la conocemos.

Capítulo 1 – Mesopotamia: El nacimiento de la primera civilización

Volvemos a finales del cuarto milenio a. C. para conocer la civilización alfabetizada más antigua: los sumerios en Mesopotamia. Sumeria englobaba la parte más meridional de la gran civilización de Mesopotamia, donde ahora se encuentra el sur de Irak. Mesopotamia en sí cubría una vasta región, e incluía los territorios modernos de Irak, Kuwait, Siria y Turquía. Curiosamente, el nombre de Sumeria significa «la tierra de los reyes civilizados». Basada en el sistema fluvial de los ríos Tigris y el Éufrates, esta poderosa civilización se convirtió en el hogar de algunos de los imperios más poderosos a lo largo de los siglos venideros. Uno de ellos fue el Imperio acadio.

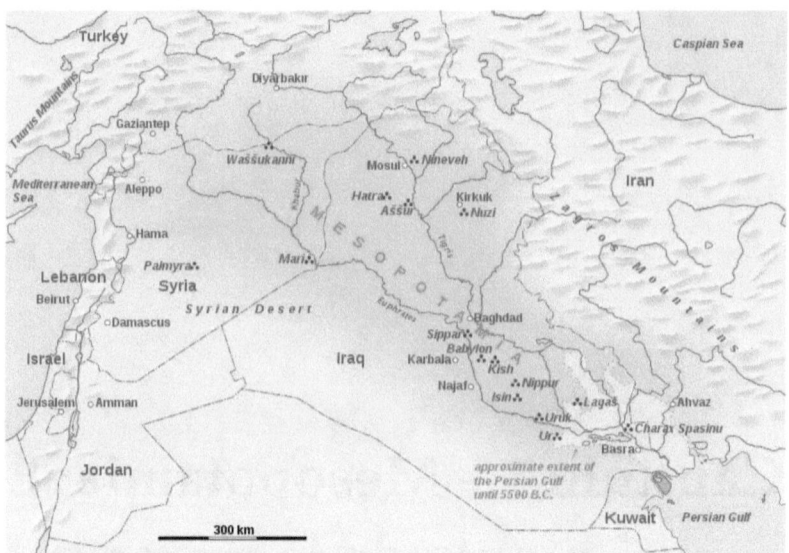

Washukanni, Nínive, Hatra, Assur, Nuzi, Palmira, Mari, Sippar, Babilonia, Kish, Nippu, Isin, Lagash, Uruk, Charax Spasinu, de norte a sur (https://images.app.goo.gl/q4vFcNZT4ng1Qact6)

Numerosos factores positivos afectaron el surgimiento de la primera civilización en Mesopotamia. Por un parte, la agricultura estaba en auge. Se podía encontrar suelo fértil y un clima favorable; y donde hay comida, siempre hay vida. Y esta vez no era cualquier forma de vida, era vida civilizada. Para hacer crecer una verdadera civilización, los sumerios tuvieron que hacer algo más que cultivar e irrigar con éxito. Invirtieron en una magnífica arquitectura, promovieron la alfabetización y tenían un sofisticado sistema militar.

Sargón: El emperador entre reyes

Según las escrituras y leyendas que datan de finales del cuarto milenio a. C. e incluso siglos después, Sargón no fue el primer gobernante de Mesopotamia y la Media luna fértil. Sin embargo, Sargón de Akkad se convirtió en el primer modelo ideal de un gobernante, y creó el primer imperio conocido en la historia de los hombres civilizados. Se sabe que la dinastía acadia comenzó con Sargón, quien una vez fue copero para Urzababa, el segundo rey de la cuarta dinastía de Kish, que gobernó alrededor del 2334 a. C.

Sargón transformó la Media luna fértil en un imperio, una hazaña que no había sido vista en el Mundo Antiguo. El pueblo consideraba Mesopotamia algo sagrado sagrado. Y todo comenzó con un hombre: Alulim. Según las antiguas escrituras que se encuentran en la zona y la parte mitológica de la lista de reyes sumerios, Alulim fue el primer rey de Mesopotamia, y gobernó Eridu, una ciudad en el sur de Mesopotamia antes del año 2900 a. C. Los sumerios creían que los dioses mismos nombraban a los gobernantes, ya que se creía que la realeza descendía de los cielos. Las escrituras antiguas creadas por los sumerios hace miles de años incluso enumeran a un rey que supuestamente vivió y gobernó en Mesopotamia durante más de 48.000 años. Y supuestamente, las mujeres también gobernaron Kish. Según la lista de reyes sumerios, una mujer llamada Kubaba gobernó alrededor del año 2500 hasta el 2330 a. C. Es muy poco probable que gobernara durante tanto tiempo, pero se cree que ella fue la abuela de nada menos que Urzababa.

Urzababa, al igual que otros gobernantes antes que él, residía en la ciudad de Kish, que se encontraba en el territorio actual de Tell al-Uhaymir. Urzabala y la dinastía Kish fue derrotada por el rey de Uruk alrededor del 2375 a. C. Uruk era otra antigua ciudad de Sumeria que se encontraba al este del actual río Éufrates. Lugal-zage-si, que originalmente era el rey de Umma, otra antigua ciudad sumeria, fue el líder detrás de este ataque. Fue quizás el primer rey en acercarse al título de emperador antes de que Sargón de Akkad apareciera en la escena. Además de Kish y Uruk, se dice que Lugal-zage-si conquistó otras ciudades sumerias, como Lagash, con su objetivo principal de formar un reino unificado de Mesopotamia. Según la Lista Sumeriaian de reyes, Lugal-zage-si, que gobernó Kish durante veinticinco años, fue derrocado por Sargón de Akkad.

Es difícil diferenciar entre el hecho y las leyendas caprichosas que rodean la vida y las acciones de Sargón de Akkad. Incluso los orígenes de Sargón están velados en el mito, pero la lista del rey sumerio afirma que era el hijo de un granjero y el copero del rey.

Pero ¿por qué un rey elegiría al hijo de un granjero modesto para servirle como copero? Para responder a la pregunta, los historiadores solo pueden recurrir a la antigua escritura conocida como *La Leyenda de Sargón*. La leyenda es en realidad la autobiografía de Sargón, por lo que debe ser analizada con cautela. Sargón tejió una historia interesante para justificar su derecho al trono. En particular, quería presentar su gobierno bajo una perspectiva atractiva para los plebeyos, que sufrían hambruna en ese momento debido a condiciones políticas poco productivas.

Sargón parecía ser muy consciente de la ciudadanía que gobernó como emperador y de los tiempos en que vivió. Perteneció a ambos mundos después de su conquista —el mundo de los plebeyos y el mundo de los reyes—, pero, sin embargo, no era un plebeyo. Era un emperador. Sargón se aseguró de enfatizar sus orígenes modestos en lugar de ocultar el hecho de que era el hijo de un granjero. Sin embargo, Sargón añadió detalles fantásticos a su historia que lo convertían en un medio dios. Su autobiografía afirma que nació de una sacerdotisa mutante que servía en el templo de Inanna, lo que le daba una conexión con lo divino, algo que todos los reyes buscaron para probar su legitimidad para gobernar. Aunque los historiadores no pueden afirmar con total certeza lo que significa la palabra «cambiar» en *La leyenda de Sargón*, se cree que «cambiar» se refiere a las sacerdotisas del templo que adoraban a Inanna porque eran andróginas. Como Sargón fue traído ilegítimamente a este mundo por una sacerdotisa que no podía quedárselo, Sargón dice que fue colocado en una canasta y colocado sobre las corrientes del río Éufrates. Según la leyenda que Sargón escribió, fue encontrado por un modesto granjero, que lo cuidó como si fuera su propia carne y sangre. El hombre que encontró a Sargón en una cesta sellada con alquitrán se llamaba Akki, y era un granjero o un jardinero al servicio del rey Urzababa, que gobernaba la ciudad sumeria de Kish. Si Akki fuera jardinero, lo más probable es que se hubiera ocupado de los jardines reales, ya que esto explicaría cómo Sargón entró en contacto con el rey Urzababa y se convirtió en su copero.

La Escritura considerada como la autobiografía de Sargón fue escrita mucho después de que el primer emperador desapareciera; sin embargo, los historiadores creen que la versión escrita representa la propia historia de Sargón, desde su modesta educación y su nacimiento en extrañas circunstancias. Sargón quería que la gente viera a un niño pobre, un náufrago que había luchado contra los reyes y la élite para hacer lo que nadie más antes había logrado: construir un imperio y unir a toda Mesopotamia bajo un solo gobernante. En realidad, los historiadores pueden confirmar que no hay muchas pruebas claras que revelen el verdadero origen de Sargón. El hecho mismo de que Sargón no fuera su verdadero nombre ayuda a mostrar esto. Sargón era un nombre inteligentemente acuñado que significa «rey verdadero».

Independientemente de sus verdaderos orígenes, formó con éxito el primer imperio multinacional y también creó una nueva línea de monarcas conocida como la dinastía acadia. Hasta el día de hoy, no ha surgido ninguna versión opuesta de los orígenes de Sargón, razón por la cual todavía se presenta como un hijo huérfano de una sacerdotisa. Sargón es el primer gobernante conocido que ha conquistado toda Mesopotamia, aunque esta hazaña le llevaría algún tiempo. El primer emperador iba a ser recordado como Sargón el Grande, el primero de con ese título: rey de Akkad, supervisor de Inanna, rey de Kish, ungido de Anu, rey de la Tierra, gobernador de Enlil.

El ascenso de un imperio y las ciudades de la lucha de Sumeria

Aunque no parezca así, Lugal-zage-si despejó el camino para que Sargón se convirtiera en el primer emperador de Mesopotamia. Antes de la conquista de Lugal-zage-si, las ciudades sumerias estaban frecuentemente en guerra, luchando por el territorio y el suministro de agua. Lugal-zage-si logró unificar las ciudades de Sumeria; sin embargo, su reino seguía siendo una unión inconexa. La gloria de Lugal-zage-si fue convertirse en el primer rey de Sumeria en tener éxito en conquistar la mayoría de las ciudades-Estado sumerias; también es recordado como el último rey antes del surgimiento del Imperio acadio. Después de conquistar Uruk, decidió probar suerte con Kish. Al escuchar los planes de Lugal-zage-si, Urzababa decidió ofrecer un tratado. Según *La Leyenda de Sargón*, Urzababa tuvo un sueño en el que le dijeron que Sargón sería su fin. Entonces, el rey decidió enviar a Sargón para llevar el tratado a Lugal-zage-si, pidiéndole al conquistador que matara a Sargón después de leer el mensaje. Por alguna razón desconocida, Lugal-zage-si decidió no matar a Sargón, sino que le ofreció una alianza. Sargón se unió a Lugal-zage-si y juntos derrotaron y sometieron Kish. En el caos, Urzababa escapó y se escondió. Hay numerosas leyendas que giran alrededor de Sargón, por lo que no está claro lo que sucedió después. Lo que se sabe es que Sargón y Lugal-zage-si pronto llegaron a ser enemigos. Algunas fuentes indican que Sargón fue desterrado por el rey Lugal-zage-si por tener una aventura con la reina. Lugal-zage-si le desafió en la ciudad de Kish, y lo perdió. Después de capturar a Lugal-zage-si, Sargón lo hizo marchar encadenado para reconocer su propia muerte. Sargón entonces se proclamó rey de Kish y continuó conquistando el resto de Sumeria.

Además de la guerra y las conquistas, Sargón también tuvo que enfrentar conflictos internos. La razón por la que Sargón probablemente decidió poner énfasis en sus orígenes modestos fue el emergente conflicto política entre la élite y los trabajadores pobres. Por supuesto, los pobres obreros superaban en número a los ricos y poderosos. La política de Sargón y la imagen que creó de sí mismo, en combinación con su talento incuestionable en habilidades militares, atrajo a la oprimida sociedad sumeria. Es crucial notar que muy pocas personas en ese momento vivían en abundancia y prosperidad. Los ricos, que controlaban las ciudades de Mesopotamia, solo se estaban volviendo más ricos, mientras los pobres sufrían, sin posibilidades de adquirir una vida más próspera. Los largos días de trabajo con pocas ganancias crearon descontento entre los pobres. Cuando Sargón asumió el liderazgo, este malestar pareció aminorar. Al conquistar toda la región y someter a todas las ciudades-Estado de Mesopotamia, Sargón también podía dispensar las riquezas recogidas a través de su nuevo imperio, lo que podría ayudar a resolver hasta cierto punto el descontento causado por la hambruna. Sargón también creó una autoridad centralizada en Mesopotamia con una administración efectiva que empleaba a personas en las que confiaba en diferentes regiones y ciudades.

El camino hacia la construcción del primer imperio no fue fácil, pero la imagen que Sargón presentó a los pobres y ricos por igual otorgó al emperador la hegemonía que necesitaba en las partes meridionales de Mesopotamia. Sin embargo, los ideales políticos de Sargón y su derecho al trono no atrajo a todo el mundo. Sargón tuvo que lidiar con numerosas revueltas antes de poder crear un imperio cohesionado.

Después de derrotar a Lugal-zage-si y conquistar Kish, Sargón estableció una nueva capital —Akkad, también conocida como Agade— por las orillas del río Éufrates. No estaba satisfecho con gobernar un pequeño territorio, y con la élite sumeria desafiando su derecho al trono, Sargón decidió continuar con las campañas de guerra. Contó con el apoyo de los militares, ya que el propio Sargón fue descrito como un líder militar excepcional. Decidió cruzar el río Tigris y tomar las tierras elamitas, en las que tuvo éxito. No se detuvo allí, porque decidió llevar sus campañas al norte y conquistar Mari. Sargón fue empujado aún más allá para demostrar su poder al oeste del mar Caspio. Ashur y Nínive fueron los siguientes objetivos en la lista, que estaban más al norte. Sargón también hizo campaña en Asia Menor. Cada marcha y cada campaña ayudaron a Sargón a hacer crecer su imperio. Es totalmente posible que incluso conquistara Chipre y permitiera el comercio con la India, lo que haría que su creciente imperio fuera aún más rico.

Sargón conquistó una ciudad tras otra, y cualquier gobernante que no lo reconociera como el nuevo rey pronto se vio obligado a aceptarlo como el gobernante supremo. Una de las razones por las que las campañas militares de Sargón fueron tan exitosas es que creó las primeras prácticas militares institucionalizadas, que hicieron que su ejército fuera más adaptable y móvil.

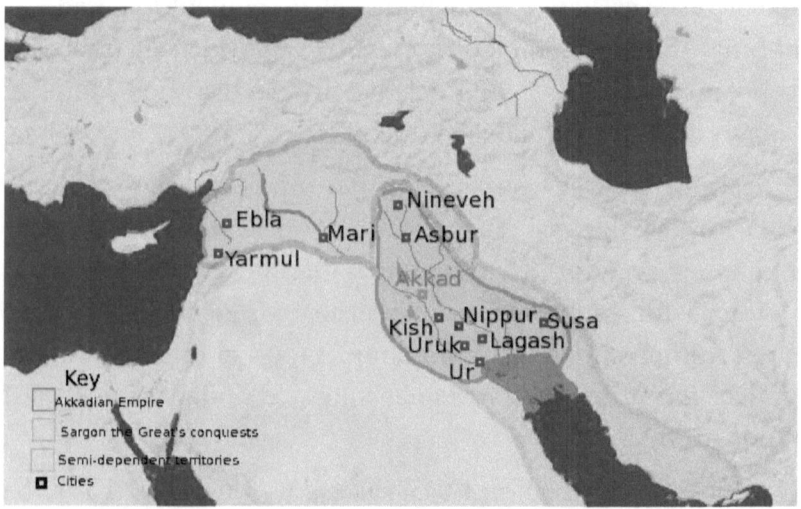

Las conquistas de Sargón el Grande: Ebla, Yarmul, Mari, Nínive, Asbur, Akkad, Nippur, Susa, Lagash, Kish, Uruk y Ur
(https://images.app.goo.gl/ZLWikBCfVkCvAKbg6)

Sargón era igualmente capaz de liderar un imperio. Terminó gobernando más de sesenta y cinco ciudades. Sargón quería asegurarse de que la administración reafirmaría su gobierno, por lo que empleó a sesenta y cinco gobernadores para dirigir estas ciudades en su nombre.

Los hijos de Sargón el Grande y la caída del Imperio acadio

Sargón el Grande conquistó sesenta y cinco ciudades de la Media luna fértil en treinta y cuatro batallas. Aquellos que no se arrodillaron ante él pronto se vieron obligados a hacerlo, ya que Sargón logró unir todas las ciudades de Mesopotamia, incluyendo a la gente de Sumeria y Akkad, bajo su gobierno. Es difícil saber cuándo Sargón logró las siguientes hazañas, ya que la cronología de su gobierno solo cubre los primeros cinco años; después de este punto, son solo hay descripciones de sus conquistas. Sargón atacó la tierra de Subartu y sometió a las tribus de Kazallu, diezmando tanto la tierra que no dejó nada. Todas las regiones que bordearon el Imperio Acadio se convirtieron en vasallas de Sargón. Dos milenios después de su muerte, Sargón sería reconocido como un gobernante modelo a través de los imperios semíticos, ya que fue el primer gobernante de un imperio multiétnico, que adquirió el derecho al trono con su fuerza y habilidad militar.

Cerca del final de su gobierno, Sargón se enfrentó a la hambruna y las guerras. Las revueltas que había silenciad con éxito en los primeros días de su imperio estaban empezando a levantarse lentamente de nuevo. Sargón ya tenía alrededor de cincuenta y cinco años en este punto, y presumiblemente estaba demasiado débil para proteger su imperio. Sargón fue sitiada en la capital de Akkad alrededor de 2286 a. C.; sin embargo, el emperador era un líder militar excepcional, lo que le ayudó a lograr una victoria cuando decidió luchar contra los miembros de la revuelta.

Sargón tuvo tres hijos: una hija, que se convirtió en sacerdotisa sirviendo a la diosa Inanna, y dos hijos. El trono fue heredado por su primer hijo, Rimush, alrededor del 2279 a. C. Tal vez no sea necesario decir que él y todos sus sucesores estaban más o menos a la sombra del rey del universo. El título fue utilizado por los reyes de Mesopotamia que reinaron mucho después de la muerte de Sargón.

Rimush se enfrentó inmediatamente a las revueltas de las ciudades que su padre había conquistado anteriormente. Se vio obligado a recuperar las ciudades de Umma, Der, Lagash, Kazallu, Ur y Adab de los rebeldes. La causa de la muerte de Rimush sigue siendo desconocida, ya que no murió en ninguna de las batallas que llevó a cabo contra las ciudades rebeldes, ni cayó durante sus campañas victoriosas contra Barakhshe y Elam. Se presume que el primer sucesor de Sargón murió a manos de sus propios cortesanos. A pesar de todo, Rimush solo gobernó durante nueve años antes de que su hermano se hiciera cargo.

Manishtushu, hermano de Rimush, heredó el trono alrededor del 2270 a. C. Su gobierno duraría quince años. Hubo pocas o ninguna rebelión durante el gobierno de Manishtushu, por lo que el rey se centró en las campañas en el golfo Pérsico, al sur del Imperio acadio, y las ciudades a lo largo del río Tigris. Su hijo tomaría el control de la regla después de que Manishtushu muriera en el año 2255 a. C.

El hijo de Manishtushu, Naram-Sin, llevaría al imperio a la cima de su gloria. Naram-Sin justificó el nombre de la dinastía de su abuelo y creó el título de rey de las Cuatro zonas también llevaba el título forjado por su abuelo, rey de todo. Naram-Sin se traduce como «amado por el dios de la Luna», y fue el primer gobernante de Mesopotamia en considerarse una divinidad. Naram-Sin también se dio el título de dios de Akkad. Naram-Sin conquistó las regiones junto al mar Mediterráneo, así como Armenia. Se enfrentó a una rebelión de la ciudad de Kish, pero fue capaz de silenciarla con su poder militar. Tomó el control de Elam y también conquistó Armanum y Ebla, facilitando otra edad de oro para los acadios. El gobierno de

Naram-Sin fue el más largo después de la regla aproximada de cincuenta y cinco años de su abuelo, Sargón.

La caída del imperio se haría evidente durante el gobierno de Shar-Kali-Sharri, el hijo de Naram-Sin. Shar-Kali-Sharri fue el último rey en gobernar el Imperio acadio en su conjunto, y llegó al poder alrededor de 2217 a. C. Unió todas las ciudades de Sumeria y las regiones que su padre había conquistado durante sus treinta y seis años de gobierno. El Imperio acadio comenzó a desmoronarse alrededor del momento de su muerte alrededor de 2193 a. C., cuando se produjo una severa sequía, que trajo hambruna a la gente. Después de la muerte del rey, cuatro posibles sucesores —Igigi, Imi, Nanum e Ilulu— se turnaron en el trono, con las cuatro reglas durante cortos períodos de tiempo debido a la naturaleza caótica del imperio. Dudu tomó el trono alrededor de 2189 a. C. Gobernó durante un período de tiempo más largo, unos veintiún años; fue el penúltimo gobernante de la dinastía acadia. Shu-turul, su hijo, heredaría el trono alrededor de 2168 a. C. Poco sabía que la invasión de los guti pondría fin a su reinado alrededor de 2154 a. C. La hambruna facilitó que el pueblo conquistara el Imperio acadio cuando descendió de los montes Zagros a finales del tercer milenio a. C. Los guti, que eran nómadas antes de su conquista del Imperio acadio, formaron su propia dinastía después de invadirse el sur de Mesopotamia. La mayoría de las ciudades de la zona sur de Mesopotamia estaban desiertas debido a la grave sequía de la época. Sin embargo, la desaparición de un imperio significaba que otro imperio se levantaría. Y uno de los imperios más notables de Mesopotamia lo hizo: el Imperio asirio. Este imperio será cubierto con más profundidad más adelante. Mientras tanto, otra civilización en el antiguo Oriente Próximo se estaba desarrollando y logrando gloria en las orillas de otro río poderoso, pero más predecible, el del Nilo. Esta civilización no era otra que Egipto.

Cultura, gobierno y fuerzas armadas del Imperio acadio

Antes de los acadios, las ciudades-Estado de Sumeria no tenían un ejército permanente. Había soldados profesionales empleados para proteger la ciudad, pero no había legiones de soldados con la capacidad de llevar a cabo conquistas como las dirigidas por Sargón. Este ejército contó tal vez varios cientos de soldados o incluso mil. No se sabe si los soldados fueron pagados o simplemente se ofrecieron como voluntarios para proteger el territorio de las conquistas de Sargón. Con el paso del tiempo, el ejército de Sargón se hizo más grande: tenía un ejército de alrededor de 5.500 hombres. A Sargón se le ocurrió la idea de reclutar soldados de las ciudades-Estado derrotados después de las conquistas, que establecieron nuevos estándares y tradiciones militares para los imperios que vinieron más tarde. Sargón parecía haber tenido un gran talento en la guerra, que puede ser testificado a través de la invención y el uso del arco compuesto. Este arco tenía tres veces mayor potencia de impacto en comparación con el arco de madera de uso común. La mayoría del ejército estaba compuesto por unidades de infantería, pero es posible que algunas unidades incluyeran caballos y carros. No es difícil imaginar cómo las ciudades-Estado amenazadas percibieron el primer ejército permanente que se ha visto en la historia del Mundo Antiguo. Ver un ejército marchar hacia las puertas de la ciudad con Sargón el Grande a la cabeza traería miedo al corazón de cualquiera. También era una estrategia militar eficaz, ya que la gente a menudo se retiraba sin luchar.

Sargón también debe de haber sido un estadista talentoso, o de lo contrario su imperio recién conquistado se habría desmoronado. Sin embargo, comprendió la necesidad y la importancia de la administración, ya que mantendría intacto su imperio de guerra. Mientras su imperio era cada vez más grande, creó una administración organizada, donde empleó a personas en las que confiaba para supervisar las ciudades-Estado que había conquistado. Estas personas eran conocidas como *ensi*. Algunas de las ciudades-Estado fueron supervisadas y administradas por *ensi* locales, mientras que algunas ciudades fueron gobernadas por los funcionarios más confiables de Sargón. Esta administración descentralizada trabajó al unísono con el emperador. Por primera vez en la historia, se fundó un imperio con coloridos orígenes culturales, políticos, étnicos y religiosos, y estas diferencias tuvieron que ser de alguna manera domesticadas y neutralizadas para no causar la desaparición del Imperio acadio.

Sargón quería establecer un reino fuerte, unificado, poderoso y rico, un esfuerzo ambicioso en el que tuvo éxito. Sargón se dio cuenta durante el proceso de unificación de que las ciudades-Estado periféricas serían difíciles de controlar bajo la autonomía del Imperio acadio. Algunas de estas ciudades se encontraban lejos del centro del imperio, y variaban en la demografía y la producción agrícola. Su uso era bastante limitado, por lo que, en lugar de someter a estos estados, Sargón utilizó tratados. A través de estos tratados, el emperador fue capaz de crear una fuerte red comercial mientras que también mantiene a las ciudades-estado bajo su control. Su nieto y sucesor, Naram-Sin, construyó fortalezas para obtener un mejor control sobre esta red comercial. Uno de esos baluartes estaba en Tell Brak, una antigua ciudad-Estado en Siria cuyo nombre original no es conocido por la historia. Se presume que hubo más fortalezas construidas a través del sistema comercial que Sargón creó.

Las sociedades civilizadas y organizadas en el Mundo Antiguo se destacan por su desarrollo de una identidad colectiva a través del lenguaje y un alfabeto. En el caso de los acadios, utilizaron la ahora extinta lengua semítica oriental conocida como la lengua acadia. El lenguaje utilizaba una escritura cuneiforme, que es una de las primeras formas de escritura que utiliza marcas de cuña en tabletas de arcilla. Gracias a la influencia política e imperialista del Imperio acadio, la lengua acadia se convirtió en el lenguaje común de

Mesopotamia y una gran parte del antiguo Oriente Próximo del final de la Edad del Bronce alrededor de 1200 a. C.

Capítulo 2 – Egipto: La unificación del Algo y Bajo Egipto y el nacimiento de los faraones

Antes de que la Edad del Bronce temprana llevara el Imperio acadio a la cima del Mundo Antiguo y luego al olvido, el Egipto predinástico aún no había soñado con su gloria futura. Se presume que el Egipto predinástico, también conocido como Egipto prehistórico, comenzó con algunos de los primeros asentamientos humanos en el antiguo Oriente Próximo. Este período terminó con el período dinástico temprano, que ocurrió alrededor del 3100 a. C. cuando el primer faraón gobernó sobre el suelo fértil del Nilo. El período predinástico está marcado por numerosas civilizaciones y asentamientos diferentes que encontraron su hogar alrededor del río Nilo. Ayudarían a dar forma a la gloria futura del antiguo Egipto. En el Neolítico, el Alto Egipto fue establecido por las culturas tasiana, badarianse y amratiense. La cultura de Tasia floreció alrededor del 4500 a. C. en la orilla oriental del Nilo. Es la cultura más antigua conocida que existía en el Alto Egipto en el período predinástico. Para los arqueólogos, esta cultura es más conocida por su cerámica marrón y roja, que recubren con pintura negra por fuera y por dentro. Los arqueólogos fueron capaces de realizar un seguimiento del desarrollo general de la cultura de Tasia basada en los mangos de cerámica. Con el tiempo, los mangos de cerámica pasarían gradualmente de prácticos a ornamentales. Esta cerámica también indica que las culturas badariana y tasiana se superpusieron en un punto entre 4500 a. C. y 4400 a. C., ya que la cerámica que se encuentra en ambas culturas no tiene diferencias significativas.

La cultura badariana floreció entre 4400 a. C. y 4000 a. C. Los sitios de la ciudad de Al Badaria han revelado algunos de los primeros asentamientos agrícolas. Estas personas se encontraban en Al Badari, Egipto, que está a unos 200 kilómetros al noroeste de la actual Luxor. Sus asentamientos revelaron signos de una sociedad civilizada temprana basada en la excavación de tumbas. Se descubrió que el pueblo badariano solía enterrar a los miembros más prominentes de su comunidad en tumbas separadas. La cultura badariana hizo herramientas como hachas, puntas de flecha y ganchos. Además de la agricultura, también dependían de la pesca y la domesticación de animales para lana, la leche y la carne. Su arte era bastante simple, generalmente representando animales, como el hipopótamo, y estaban enterrados con objetos como figuras mortuorias femeninas y amuletos de oro.

La cultura amratiana, también conocida como la cultura Naqada I, se desarrolló entre 4000 a. C. y 3500 a. C. El sitio arqueológico de Al Amra, después de lo cual se nombró la cultura amratiana, está a unos 120 kilómetros al sur de Al Badari, Egipto. La vajilla cubierta de negro que se encuentra en las culturas tasiana y badariana todavía se producía; sin embargo, un tipo único de cerámica de línea blanca apareció con la cultura amratiana. También fueron los en el Alto Egipto en poseer esclavos, y utilizaron botes de remos basados en papiros para navegar por el Nilo. Empezaron a intercambiar mercancías con el Bajo Egipto, enviándoles artículos como jarrones, cuentas y otros artefactos similares. El pueblo amratiano importó pequeñas cantidades de oro y obsidiana de Nubia. Otros artículos por los que comerciaban incluyen esmeril, cedro y mármol. Sus difuntos fueron enterrados ocasionalmente con perros, y cada aldea en el asentamiento tenía su propio protector de estatua de una deidad animal.

Durante el período de la cultura de Gerzeh, también conocida como la cultura de Naqada II, que duró alrededor de 3500 a. C. a 3200 a. C., se colocó el primer ladrillo de la fundación del Egipto dinástico. El período Gerzeh en el Alto Egipto coincide con el período Uruk en Mesopotamia (durante el cuarto milenio), y fue la primera vez que las dos culturas se conocieron.

En este punto, el Imperio acadio aún no había crecido. Antes de que esto sucediera, el río Nilo estaba a punto de dar a luz a una de las civilizaciones más fuertes y gloriosas del mundo antiguo: el antiguo Egipto. Durante el período Gerzeh, los egipcios comenzaron a cultivar a lo largo del Nilo debido a la disminución radical de las lluvias, aunque la caza no era una habilidad olvidada. Con una agricultura más avanzada, los suministros de alimentos comenzaron a aumentar, y el número de personas que vivían en las ciudades del Alto Egipto también estaba aumentando. Los ladrillos de barro, que se encontraron por primera vez en el período amratiense, fueron producidos en masa en el Alto Egipto para satisfacer la demanda de más hogares.

Durante el período Gerzeh, la cultura egipcia fue significativamente influenciada por Mesopotamia en el dominio del arte y a través del intercambio de letras. Las dos civilizaciones también comerciaban productos, como cerámica, arte, grano, lino, papiro, hierro, cobre, madera, lapislázuli, ébano, mirra e incienso. La escritura sumeria que se originó en Mesopotamia probablemente influyó en el desarrollo de jeroglíficos egipcios. Aunque la cultura Gerzeh es considerada la más predominante en el Egipto prehistórico por muchos egiptólogos, Naqada III, también conocido como el período protodinástico, es considerado como la verdadera introducción a la gloria futura del antiguo Egipto. Naqada III produjo jeroglíficos egipcios, sistemas de riego avanzados y un vistazo a los primeros lugares de entierro reales muestra una pequeña semejanza con las majestuosas pirámides que aparecieron en el Antiguo Reino de Egipto.

El período protodinástico también se conoce como dinastía 0. El primer concepto de gobernantes apareció en el antiguo Egipto. La gente del antiguo Egipto ahora tenía sistemas avanzados de riego, herramientas de cobre para múltiples propósitos, armas y relaciones comerciales con otras civilizaciones en el antiguo Oriente Próximo. Esto condujo a una población cada vez mayor en las ciudades y el desarrollo de las ciudades-Estado a lo largo de las orillas del Nilo. La serie de conquistas lideradas por las diferentes ciudades de la zona creó tres ciudades-Estado más grandes en el Alto Egipto: Thinis, Nekhen y Naqada. Era hora de que alguien gobernara.

El primer rey de Egipto está velado en misterio, ya que su existencia no puede ser probada. Se llamaba Horus Iry. Mientras que algunos historiadores argumentan que no era un rey ya que su nombre no estaba escrito en un *serekh*, una heráldica que contenía nombres reales, todavía se considera el primer faraón predinástico. Se presume que Ka sucedió a Horus Iry, aunque no se sabe con certeza quién fue su sucesor inmediato. Ka gobernó la ciudad de Tinis alrededor del siglo XXXII a. C., y muchos historiadores creen que conquistó todo el Alto Egipto, poniendo así esta región bajo la mano dominante de la familia real tinita.

El éxito de Ka, que se traduce como «Armas del Rey», fue otro rey de la línea tinita: Narmer. Narmer es a veces conocido como Menes, pero los historiadores están divididos sobre el tema. Menes es el nombre dado al primer rey de Egipto en fuentes antiguas. Sin embargo, la coronación de faraones incluía una tradición egipcia que otorgaba un nombre en honor a Horus. Esta práctica tiene sus raíces en el nombre de Horus Iry, que significa el «compañero de Horus». Si ese es el caso, Menes sería el nombre que Narmer recibió después de ser coronado con sus dos coronas: una corona roja que significaba su dominio sobre el Alto Egipto y una blanca para marcar su hegemonía en el Bajo Egipto. Esta fue la primera vez en la historia de Egipto que esta unificación ocurrió. Una vez que Narmer tomó el trono, el Alto Egipto invadió el Bajo Egipto, formando un reino egipcio unido. El acto de unificación marcó el comienzo de la primera dinastía y el comienzo de una nueva era para Egipto.

Narmer: El fundador de la primera dinastía y el faraón de un Egipto unido

Cuando Narmer tomó el trono, Egipto ya estaba parcialmente unificado. Aunque la unificación de Egipto se le atribuye, comenzó mucho antes, aunque tal vez no fue visto como oficial.

Después de la unificación, Horus se convirtió en la deidad principal del reino. El Bajo y Alto Egipto también compartieron un alfabeto y una cultura, tomando la forma de un verdadero reino. Según Manetón, un sacerdote e historiador egipcio que vivió a principios del siglo III a. C., Narmer gobernó durante sesenta y dos años. Según Manetón, Narmer fue asesinado por un hipopótamo en el siglo XXXI a. C. La primera dinastía continuó con Hor-Aha, quien se cree que es el hijo de Narmer, aunque algunos afirman que él era el verdadero Menes.

Hor-Aha, abreviado de Horus Aha, se traduce como «Horus el Luchador». Para cuando Hor-Aha llegó al trono, su padre ya había mejorado la calidad de vida en el reino egipcio. Narmer había introducido mejoras en la vida cotidiana de los antiguos egipcios, incluyendo sistemas de riego, un sistema de matemáticas, Atención médica práctica y eficaz, carreteras, obeliscos y aumento de la producción agrícola. La gente comenzó a usar telas para cubrir sus mesas y sofás, introduciendo una forma de vida más elegante a diario. Narmer también promovió la idea de sacrificios humanos, que se suponía que asegurarían la compañía y la protección para el faraón en el más allá. Un egipcio promedio no se vería afectado por esta práctica, ya que esta tradición no incluyó la matanza masiva de plebeyos. En cambio, los faraones tomaban a un par de siervos para acompañarlos en el más allá. Hor-Aha continuó esa tradición. De hecho, todos los faraones de la primera dinastía se dedicaron a esta práctica; una vez que la primera dinastía terminó, también lo hizo la tradición de los sacrificios humanos. Antes de su muerte, Narmer transfirió la capital del reino de Tinis, donde su línea había comenzado su gobierno como Dinastía 0, a Memphis. Como tal, Menfis sería la capital de Hor-Aha.

Menfis fue elegida como capital por razones estratégicas, ya que la única amenaza para Egipto provenía de todo el Mediterráneo. Menfis estaba situada cerca de lo que ahora es El Cairo, al sur. De esa manera, Egipto podría ver cualquier amenaza que llegara, lo que les daría tiempo para preparar las defensas. A pesar de que Menfis se convirtió en la capital del Egipto unificado, los faraones serían enterrados en Abidos. Este lugar juega un papel importante en la religión egipcia. Según el mito egipcio, era un sitio sagrado para Osiris, ya que era el lugar donde Isis enterró a Osiris después de ensamblar sus partes del cuerpo cortadas. También fue la ciudad donde Osiris resucitó. Simbólicamente, los faraones de la primera dinastía fueron enterrados en Abidos con esperanzas de resurrección.

Para continuar el legado de su padre sobre el reino unificado de Egipto, Hor-Aha realizó muchos deberes religiosos y se centró en los lujos que Egipto tenía en ese momento, como la maravillosa artesanía y la abundante comida.

El ascenso y la caída de la primera dinastía en Egipto

Hor-Aha no tenía la ambición de continuar las relaciones comerciales que Narmer había desarrollado con otras civilizaciones en la Media luna fértil. Sin embargo, los egipcios todavía disfrutaban de una vida de lujo, al menos según los estándares antiguos. A pesar de que Hor-Aha redujo el comercio entre Egipto y otras regiones de la Media luna, como el sur de Levante, el faraón participó en campañas de guerra. Por ejemplo, atacó a los nubios mientras dirigía una expedición.

Después de la muerte de su padre, la madre de Hor-Aha posiblemente se casó con uno de los visires más confiables de su hijo. Se cree que la madre del rey, Neithotep, sobrevivió a su hijo, y ella asumió el trono como reina regente antes de que su nieto, Dyet, fuera lo suficientemente mayor como para heredar el trono como la faraona legítima. Se cree que Djer gobernó alrededor de cuarenta años a mediados del siglo XXI a. C. Se dice que Dyet tuvo cinco esposas, todas las que fueron enterradas en tumbas junto a la suya. Dyet engendró una hija, Merytnit, y un hijo, Dyet. Después de que Djer muriera alrededor del 2980 a. C., Dyet asumió el trono. En algún momento, Dyet y Merytnit se casaron. Los egiptólogos creen que Dyet tenía más de una esposa, al igual que su padre, continuando la tradición del matrimonio polígamo. Además, cuando Dyet se casó con su hermana, los faraones egipcios comenzaron otra tradición, la de casarse con sus parientes más cercanos para proteger el linaje. Estaban practicando el incesto por el bien de la dinastía. Antes de esta tradición, se sabía que los reyes anteriores habían casado a sus hijas e hijos con otras familias adineradas para establecer relaciones diplomáticas con familias poderosas. Con Egipto unido bajo un solo faraón, parece que el objetivo era mantener la tierra al unísono limitando el poder a una sola familia: la realeza de la primera dinastía.

Los historiadores no están seguros del tiempo exacto que duró el gobierno de Dyet, aunque algunas inscripciones indican que su reinado fue de diez años. Después de su muerte, se presume que el trono de Dyet fue heredado por su hermana, quien gobernó ante su hijo. Su hijo, conocido como Hor-Den o simplemente como Den, fue el cuarto faraón de la primera dinastía. Comenzó su reinado alrededor del 2970 a. C. y gobernó durante cuarenta y dos años. Durante su largo reinado, se dice que el faraón Den trajo prosperidad al reino, así como la innovación a la vida cortejа. A pesar de que su gobierno comenzó décadas después de la unificación de Egipto, Den fue el primer faraón de Egipto en adoptar el título de rey del Bajo y Alto Egipto, y fue el primero en ser representado con la doble corona coloreada en blanco y rojo para significar la unificación del Bajo y Alto Egipto, aunque se cree que Menes lo inventó.

Den es el primer rey de la primera dinastía del que se tienen referencias, ya que muchas fuentes lo mencionan. Además, se cree que fue el faraón más elogiado que Egipto había visto hasta ahora. Den tuvo muchos hijos e hijas, pero no se sabe con certeza si su sucesor, Adyib, era en realidad su hijo. La primera dinastía está más o menos velada en el misterio, y no hay fuentes confiables que acredite a Adyib como uno de los hijos de Den. Sin embargo, lo que es seguro es que Adyib tomó el trono después de Den.

Adyib, también conocido como Anedyib, Hor-Adyib, Hor-Adyib y Enezib, gobernó alrededor de 2930 a. C. El antiguo historiador egipcio Manetón atribuye a Adyib haber gobernado durante veintiséis años, mientras que otras fuentes afirman que el rey gobernó durante setenta y seis años. Sin embargo, los egiptólogos modernos sugieren que Adyib no pudo haber gobernado durante más de diez años, ya que a menudo exageró la longitud de los reinados de los faraones. Adyib quería legitimar su dominio sobre todo Egipto, por lo que introdujo un nuevo título al reinado de los faraones, conocido como el Título de compra, que llevaba las representaciones de dos halcones y que simbolizaban a Seth y Horus. El título también indica simbólicamente que el gobierno del faraón se estableció en el Alto y Bajo Egipto. Lo que hace que Adyib se destaque como un rey ambicioso es el número extraordinariamente alto de estatuas de culto que creó para sí mismo y la construcción de una nueva fortaleza real. Esto se hizo para crear una imagen atractiva del gobernante para el pueblo de Egipto. A juzgar por las inscripciones encontradas en la tumba de Adyib, su gobierno puede haber terminado violentamente. Desafortunadamente, la causa de su muerte sigue siendo desconocida. Los historiadores sugieren que Adyib tuvo muchos hijos, pero ninguno de sus nombres es conocido por la historia, excepto posiblemente uno: Semerjet.

El nombre de la madre de Semerjet en la piedra de Palermo—un fragmento de una estela antigua, también conocida como los Anales Reales— es Battirse, aunque el nombre no es atestiguado por otras fuentes. Sin embargo, como los egiptólogos creen que el trono fue heredado dentro de la línea de sangre de la primera dinastía, se cree que Semerjet es uno de los muchos hijos que Adyib tuvo durante su vida. Aunque hay especulaciones de que Semerjet podría haber sido un usurpado, esta teoría no puede ser confirmada. Basado en los registros de Manetón sobre el reinado de Semerjet, el gobierno de Semerjet comenzó de manera calamitosa, y, a juzgar por los registros, su gobierno como rey de Egipto fue breve. Manetón cree que los desastres naturales que ocurrieron durante su reinado indican que era un usurpador que estaba siendo castigado por asumir un trono que no era legítimamente suyo. Semerjet fue enterrado cerca de la tumba de Den. Esto sugería que estaba más cerca de Den que Adyib, su predecesor. Dado que se sabe que Semerjet eliminó el nombre de su predecesor Adyib de muchas escrituras contemporáneas, junto con el hecho de que fue enterrado cerca de Den, se presume que Den era el padre de Semerjet. Eso convertiría a Adyib en su hermano.

Semerjet comenzó su gobierno alrededor del 2920 a. C., y gobernó durante ocho años y medio. Su nombre se traduce como «amigo reflexivo» y «compañero de la comunidad divina», razón por la cual algunos egiptólogos sugieren que Semerjet podría haber sido sacerdote. No usó el título de Adyib, sino que tomó el título de *nebty*, lo que significa "dos damas". Las dos damas son probablemente las diosas Nekhbet y WaDyet. Su nombre completo es el rey de las dos damas, el rey del Alto y Bajo Egipto. Uno de los hechos más interesantes sobre Semerjet es que su nombre presenta un jeroglífico raro. El jeroglífico muestra a un hombre con una capa llevando un palo, y hay muchas teorías sobre lo que el jeroglífico podría significar. El símbolo podría traducirse como «guardián divino», «guardián de las dos damas» o simplemente «guardián». Este jeroglífico representaba una ceremonia que fue realizada por sacerdotes.

El trono fue heredado por Qaa. Se cree que es el último rey de la primera dinastía, ya que ocurrió una guerra entre la primera y la segunda dinastía. Qaa podría haber sido el hijo de Semerjet, pero según los historiadores modernos, también podría haber sido el hijo de Adyib. Según las escrituras y el hecho de que Qaa celebró dos fiestas Sed, el último faraón de la primera dinastía probablemente gobernó durante al menos treinta y tres años. Las fiestas Sed se utilizaban para celebrar los treinta años de reinado de un faraón, y se repetía cada tres o cuatro años después de la primera celebración. Qaa parece haber tenido un gobierno próspero, pero Egipto se encontró involucrado en una guerra por el trono después de que Qaa falleciera. Por lo tanto, su muerte también significó el fin de la primera dinastía.

Qaa murió alrededor del 2900 a. C. Después de su muerte, tuvo lugar una guerra, y dos nombres aparecen en la lucha por el poder sobre las tierras fértiles de Egipto: Sneferka y Horus Bird, que eran dos supuestos miembros de la realeza que podrían no haber tenido nada que ver con la primera dinastía. Estos gobernantes efímeros no son muy conocidos por los egiptólogos, ya que incluso la forma en que se leen sus nombres es discutible. Mientras que algunos historiadores leen el nombre de Horus Bird para significar «alma de Horus», otros lo traducen como «el heredero de Horus». En la tradición establecida en la primera dinastía, a cada faraón se le dio el nombre Horus de en su coronación. Es por eso que se presume que Horus Bird era un faraón, aunque no hay mucha evidencia sobre quiénes eran sus padres o parientes o por cuánto tiempo gobernó. Tanto Sneferka como Horus Bird gobernaron durante un corto período, luchando por el trono de Egipto unificado con la primera dinastía gobernante desmoronándose. Junto con Horus Bord y Sneferka, otro nombre real aparece en la lista de sucesores del trono: Hetepsejemuy. Se convirtió en el primer faraón de la segunda dinastía de Egipto después de romper la guerra entre Sneferka y Horus Bird. Con Hetepsejemuy como el próximo faraón, Egipto entró en una nueva era y dio la bienvenida a una nueva línea real. Los restos de la primera dinastía se dejan en Abydos en forma de tumbas reales, y nos recuerdan la época en que el Alto y el Bajo Egipto se convirtieron en uno.

Capítulo 3 – Irán antiguo: De los primeros asentamientos urbanos al ascenso de los elamitas

El antiguo Irán es el hogar de algunas de las civilizaciones más antiguas conocidas. Surgió de manera modesta junto con el desarrollo de Egipto unificado y Mesopotamia. Antes de que Mesopotamia se convirtiera en el primer imperio en la historia de la civilización y la mayor fuerza en la Media luna fértil, el territorio del antiguo Irán vio algunos de los primeros asentamientos urbanos, que datan de alrededor del 7000 a. C. El pueblo de tierras bajas más antiguo del suroeste de la antigua Irán, Chogha Bonut, se levantó en 7200 a. C. El asentamiento de Chogha Bonut se convertiría en el epicentro del desarrollo temprano de la civilización elamita, que fue una de las más dominantes de la llanura susiana.

Chogha Golan, situada en las estribaciones de los montes Zagros, fue una de las primeras comunidades agrícolas. Allí se observaron los primeros signos de cultivo y domesticación de plantas y animales salvajes, que comenzaron, en el año 10.000 a. C. en el Paleolítico Medio. En ese momento, las comunidades de Irán ya habían comenzado a expresar su identidad cultural a través del arte mediante la creación de esculturas de roca y ornamentos. Chogha Golan fue uno de los primeros lugares en la Media luna fértil donde el trigo domesticado fue utilizado como fuente de alimento. La gente pescaba y cazaba ciervos rojos, cerdos, ovejas y cabras, junto con el cultivo de lentejas, guisantes de hierba, cebada y trigo. Con el tiempo, la comunidad de Chogha Golan floreció, creciendo y desarrollándose en algo más que en la escala agrícola. Utilizaron piedras de molienda y morteros para procesar granos, convirtiendo sus cultivos en una especie de harina áspera. Esta harina podría haber sido asada o cocida antes de ser utilizada para la comida. También utilizaron paredes de barro y pisos de yeso para edificios.

Chogha Mish, situada en el oeste de Irán, emergió en 6800 a. C., y su gente prosperó en la domesticación de cerdos y caballos. Y dominaban la región de Susiana en ese momento.

Las conexiones tempranas entre la llanura de Susiana y Mesopotamia se pueden notar en la historia de Chogha Mish, más específicamente en la cerámica que se encuentra en Mesopotamia y las cercanías de Chogha Mish. Hasta el 4400 a. C., Chogha Mish era el área con mayor población en la llanura de Susiana antes de que la ciudad de Susa se estableciera como el asentamiento dominante en la región. Los asentamientos Chogha Mish mostraron acontecimientos significativos antes de que los elamitas se consolidaran como la cultura dominante. Algunos de los primeros hornos (cámaras con propiedades de aislamiento térmico utilizadas para la fabricación de baldosas, ladrillos y cerámica) se encontraron en Chogha Mish. La apariencia de la alfabetización también se observa en los asentamientos, ya que Chogha Mish y Susa utilizaron tokens de arcilla como un sistema de contabilidad. Este sistema se transformó en tabletas de arcilla utilizando marcas, que gradualmente se convirtió en el primer modelo de un sistema de escritura cuneiforme. La gente de Chogha Mish finalmente emigró, y algunos restablecieron sus aldeas en Susa alrededor del 4200 a. C. cuando se formó la ciudad.

La cultura elamita emergente

Los elamitas aparecieron alrededor del 3300 a. C., tomando primero el área en la meseta iraní con su centro en Anshan. El centro de Elam fue trasladado más tarde a Awan a mediados del segundo milenio a. C.

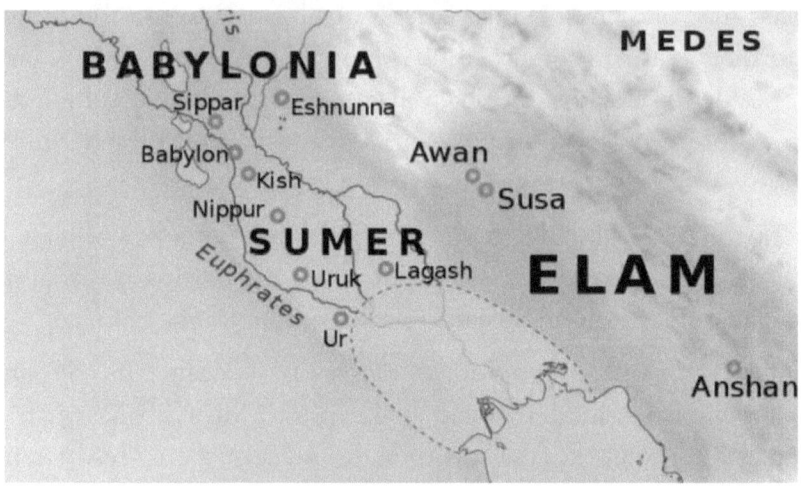

Mapa de Elam (https://images.app.goo.gl/9ws8cH3PRP4Byw1bA)

La historia de Elam al comienzo de su desarrollo fue turbulenta, ya que el poder sobre el Estado cambiaba constantemente entre Elam y Mesopotamia. Desafortunadamente, parece que la poderosa mano de los gobernantes mesopotámicos era más fuerte que la cultura elamita.

Los registros del primer rey de Elam emergen en 2650 a. C. Antes de ese período, ninguna figura histórica significativa parece haber llevado el papel del gobernante de Elam. En 2650 a. C., según la lista del rey sumerio, el rey Mebaragesi de Kish se hizo cargo de Elam y sometió la región en nombre de Sumeria y la primera dinastía de Kish. Elam fue influenciado una vez más por una cultura externa, asimilando la cultura de Sumeria y Mesopotamia. Con la conquista de Mebaragesi, Elam entró en una nueva era en la historia conocida como el período elamite antiguo, que duró desde alrededor de 2700 a. C. hasta 1500 a. C. Mebaragesi fue presuntamente asesinado por el predecesor de Gilgamesh, aunque algunas fuentes indican que el mismo Gilgamesh de la epopeya sumeria de Gilgamesh puso fin al gobierno de Mebaragesi.

Durante este período de la historia de Elam, se dice que tres dinastías diferentes gobernaron y protegieron esta región. Dicho esto, Elam no fue completamente liberado de la influencia de Sumeria en el período elamite antiguo. Al final de esta era, Elam sería testigo de un gran regreso a sus orígenes culturales, y surgiría una nueva dinastía gobernante para marcar un período en la historia de Elam conocido como elamización.

Las tres dinastías gobernantes del antiguo período elamita

Elam era rico. Los elamitas tenían fácil acceso a algunas de las rutas marítimas más grandes a través del golfo Pérsico, que es como la gente de Elam tenía acceso a obras de arte, comida y otros artículos de muchas civilizaciones diferentes. Al mirar su ubicación, no es difícil determinar que la región también era agrícolamente fuerte, lo que significa que Elam no tenía que depender de los demás para la alimentación. Debido a su riqueza, Elam era un blanco constante de reyes que querían poner de rodillas al mundo conocido. Después de miles de años de poder cambiante, el antiguo período elamita, aunque comenzó con una conquista sumeria, llevó las dinastías elamita al trono. Tres dinastías diferentes surgieron entre los gobernantes reales elamitas: Awan, Shimashki y Sukkalmah.

La dinastía de Awan fue la primera dinastía conocida de Elam en ser mencionada en la historia del pueblo elamita. Esta dinastía superó a los gobernantes que estaban en constante conflicto con los gobernantes mesopotámicos y sumerios. El primer gobernante de la dinastía Awan es tristemente desconocido para la historia. Algunas fuentes indican que la dinastía Awan se hizo cargo del trono elamita en 2350 a. C., mientras que la lista del rey sumerio sugiere que la dinastía solo tenía tres gobernantes, que gobernaron durante 356 años combinados. Sin embargo, la duración de su gobierno no puede ser confirmada, por lo que la lista es muy probablemente inexacta, ya que la misma fuente sugiere que Mebaragesi, el rey sumerio que invadió Elam, gobernó durante siglos.

Mientras que la lista del rey sumerio solo menciona a tres reyes de la dinastía Awan, una lista de miembros de la realeza encontrados en Susa, una importante ciudad de Elam, sugiere que la dinastía tuvo doce reyes. La lista incluso proporciona los nombres, aunque faltan algunas partes de los nombres. Los arqueólogos están de acuerdo en que la lista no puede considerarse completamente confiable debido a la falta de otras pruebas que apoyarían la existencia de doce reyes de Awan.

La lista de reyes sumerio menciona que la dinastía Awan llegó al poder una vez que el primer rey de Awan derrotó a la primera dinastía de Sumeria. Desde sus humildes comienzos, Elam siempre había peleado con Sumeria, y el hecho mismo de que Awan derrotara a la primera dinastía de su en su territorio le da gran importancia. Elam y Sumeria pueden haber tenido una relación de amor y odio, pero los negocios florecieron entre los dos. Los elamitas importaban todo tipo de alimentos, y exportaban lana, esclavos, ganado, plata y muchas otras cosas a las ciudades-Estado de Sumeria. Los habitantes de Elam también tuvo algunos avances tecnológicos, lo que también los convirtió en grandes artesanos. Hay un registro de una petición de Sumeria para el gobernador de Uruk, una ciudad en Elam, para convertir el estaño en bronce. Esto indica que los elamitas podrían haber tenido tecnología más avanzada que los sumerios en ese momento.

Aunque Elam y Sumeria podrían haber tenido fuertes conexiones comerciales, la dinastía Awan participó en varias campañas en Mesopotamia, tratando de conquistar algunas de las ciudades-Estado más poderosas de Mesopotamia en ese momento: Lagash y Kish. En una ocasión, un grupo de 600 elamitas intentó saquear Lagash, pero fueron derrotados con éxito.

La dinastía Awan continuamente tuvo un feudo con Mesopotamia y sus ciudades-Estado. Estas pequeñas guerras se remontan al Imperio acadio y al ascenso de Sargón. Alrededor del 2300 a. C., Sargón participó en una serie de campañas a través de la meseta iraní. Se han encontrado textos que dan testimonio de la gloria y el éxito de Sargón en estas incursiones, de las cuales el saqueo era algo habitual. Sargón derrotó al octavo rey de la línea Awan, Luh-Ishan, el hijo de Hiship-rashini. La lista Susa de reyes Awan no coincide con estos textos; según esa lista, Hiship-rashini era el noveno rey. Tal vez los nombres de los reyes estaban mezclados, pero también podría haber algunos nombres que faltan en las escrituras acadias.

Sea cual sea el caso, después de que Sargón creara las condiciones perfectas para que Elam fuera conquistada, su hijo Rimush completó esta aventura con la derrota del rey Awan. Esta serie de derrotas puso las tierras bajas occidentales de Elam bajo la mano dominante del Imperio acadio. Un tratado de paz entre Elam y el Imperio acadio surgió después de que el nieto de Sargón sucedió al trono de su padre. Naram-Sin, el tercer rey de la dinastía acadia, firmó un tratado de paz que creó condiciones para que Elam no fuera asimilada por completo. Aunque la dinastía acadia pudo haber derrotado a la dinastía de Awan, algunas ciudades-Estado en Elam nunca fueron alcanzadas por las tropas acadias y por lo tanto nunca fueron vasallos a ese gran imperio.

La capital de Anshan era una de esas ciudades, ya que se encontraba en las escarpadas montañas y era geográficamente inalcanzable y aislada. Los elamitas fueron capaces de preservar su identidad cultural, aunque no estaban contentos con la forma en que las cosas estaban sucediendo. Con el tiempo, su odio hacia el Imperio acadio creció. Las tensiones no cesarían hasta que los oprimidos elamitas vieron caer el Imperio acadio a los soldados gutianos. Los elamitas ayudaron a contribuir a la caída del primer imperio en el mundo antiguo, ya que simplemente esperaron su momento para atacar. A pesar de que la lista de reyes de Awan de la lista de reyes de

Sumeria no es una fuente fiable de información cuando se trata de los reyes y sus nombres, así como el orden de gobernantes de la dinastía de Awan, nos dice quién fue el último rey de Awan: Puzur-Inshushinak, que gobernó alrededor del 2100 a. C. Es recordado como el rey de Awan que trajo la independencia al pueblo de Elam, que había vivido demasiado tiempo bajo la mano dominante de los reyes acadios. Sin embargo, cada gran imperio se encuentra con su desaparición, y el Imperio acadio no fue la excepción. Y cuando un imperio cae, otro se levanta, y los elamitas aprovecharon ansiosamente su oportunidad.

Puzur-Inshushinak, el último rey de la dinastía de Awan, llevó el título de gobernador de Susa y gobernador militar de Elam, que fue el título otorgado a los gobernadores del Imperio acadio. Puzur-Inshushinak, sin embargo, se llamaba a sí mismo el «rey poderoso de Elam». Esto fue encontrado en la inscripción de un monumento conocido como Mesa au León, o Tabla del León. Para lograr la independencia de su pueblo, Puzur-Inshushinak se dirigió a una serie de conquistas, conquistando algunas de las ciudades más importantes de Mesopotamia, incluyendo Akkad, Akshak y Eshnunna. También debilitó considerablemente a los guti, expulsándoles de una buena parte de su territorio recién conquistado. La razón más probable por la que Puzur-Inshushinak se convirtiera en uno de los reyes más recordados de la línea Awan fue su compromiso de prevenir la asimilación de los elamitas por los mesopotámicos. Se dedicó a construir la ciudadela en Susa, y el rey también fue un apasionado defensor de la escritura elamita lineal, animando a la gente a usar el idioma elamita original cuando los acadios trataron de forzar su identidad cultural a la gente de Elam.

Aunque Puzur-Inshushinak luchó por las libertades culturales y políticas y la independencia de Elam, solo duró mientras estuvo vivo. Después de la muerte de Puzur-Inshushinak, la escritura elamita fue olvidada. Susa cayó en manos del Imperio neo-sumerio, también conocido como la tercera dinastía de Ur. El fundador, Ur-Nammu, que gobernó desde 2112 a. C. hasta 2095 a. C., fue el que puso fin a la soberanía elamita. El hijo y heredero de Ur-Nammu, Shulgi, continuó con las políticas de su padre. Shulgi incluso se casó con las hijas de gobernantes que controlaban los territorios orientales de Elam para fortalecer su poder en la región.

La dinastía Shimashki surgió alrededor del 2200 a. C., aunque no se volvió dominante hasta el año 2100 a. C. Comenzó con un rey anónimo, cuyo reinado está velado en misterio, al igual que los otros reyes de esta dinastía. La lista de reyes de Susa nombra a otros catorce reyes. Las fechas son oscuras, y no se encuentra información sobre los reinados de estos reyes en otras fuentes. Por lo tanto, los historiadores sugieren que estos no eran gobernantes secuenciales y que la dinastía era una alianza de personas de diferentes culturas elamitas.

El gobierno de la dinastía de Shimashki sobre Elam, que duró alrededor de 2100 a. C. a 1900 a. C., coincidió con la tercera dinastía de Ur. En 2028 a. C., fue dirigido por Ibbi-Sin, que se convertiría en el último gobernante de la tercera dinastía de Ur. Los militares de Shimashki devastaron el reino de Ur, saqueando sus riquezas y destruyendo su capital. Esta dinastía gobernó sobre el imperio caído durante poco más de dos décadas. Después de la caída de la tercera dinastía de Ur, Shimashki entró en más conflictos con Larsa, una ciudad-Estado a unos veinticinco kilómetros al sureste de Uruk, e Isin, otra ciudad sumeria, situada a unos treinta y dos kilómetros al sur de Nippur. La dinastía de Shimashki puso a Elam en la cima, que era lo que sus predecesores habían querido. Bajo los Shimashki, Elam se convirtió en uno de los reinos más ricos y poderosos de la zona de Asia Occidental. Sus sucesores, la dinastía de Sukkalmah, continuaron gobernando el poderoso reino de Elam. En ese momento, Siria y Mesopotamia estaban bajo la influencia de Elam, al menos en el sentido comercial, diplomático y militar.

La dinastía de Sukkalmah se formó alrededor de 1900 a. C., presumiblemente por el rey Ebarat. Aunque Shilhaha es el nombre que aparece catalogado como el fundador de la dinastía, los historiadores creen que Shilhaha y Ebarat son la misma persona. Hay treinta gobernantes registrados en la lista de reyes de Sukkalmah, pero poco se sabe de ellos. Tal vez el rey más prominente de la dinastía, aparte del fundador de la dinastía Ebarat, fue el rey Siwe-Palar-Khuppak, que gobernó alrededor del 1778 a. C. El rey formó relaciones diplomáticas con Hammurabi de Babilonia y Zimri-Lim de Mari para conquistar Eshnunna, una ciudad-Estado en el centro de Mesopotamia. Su ambición era tan grande que también quería establecer su poder en Babilonia. En ese momento su coalición se volvió en su contra. Los otros expulsaron a los elamitas de Eshnunna, poniendo fin a su influencia en Mesopotamia. Poco se sabe sobre los últimos reyes de la dinastía de Sukkalmah, a pesar de que la dinastía terminó más de un siglo después de que Hammurabi se levantara contra Siwe-Palar-Khuppak.

Cultura, gobierno y militares de Elam

En los primeros tiempos de los elamitas, había un señor supremo que supervisaba las regiones más pequeñas del territorio elamita. Los príncipes vasallos gobernaron estas regiones más pequeñas en nombre del señor gobernante. A pesar de la tradición general en las tierras de la Media luna fértil, donde el primogénito heredaría el trono, el poder y la riqueza después de la muerte del rey, los elamitas tenían virreyes que ocuparían ese papel. El virrey era generalmente el hermano mayor del señor. Si el señor muriera, el virrey se convertiría en el próximo gobernante. Si el virrey muriera, y no quedara ningún hermano para asumir el papel, uno de los príncipes vasallos sería nombrado como el próximo señor. Si la esposa del señor supremo se convirtiera en viuda, no serviría como reina regente; en cambio, se volvería a casar con el hermano del señor supremo —el futuro señor— o se casaría con un príncipe vasallo que heredaría el trono. Su hijo no tendría derechos de herencia, ya que hermanos o príncipes vasallos eran los que se apoderaban del poder y la riqueza que venían con el trono. En ese caso, el ex príncipe vasallo sería capaz de nombrar a su hijo o sobrino como su sucesor, dejando el dominio sobre el territorio elamita en la familia y comenzando una nueva dinastía real de señores. Este tipo de gobierno era complejo y complicado a la hora de controlar, controlar y derechos de herencia, razón por la cual los elamiitas más tarde recurrieron a la herencia padre-hijo, manteniendo el poder cerca de la familia.

Los elamitas tenían un ejército terrestre que no contaba con más de mil soldados, aunque es posible que los elamitas tuvieran un ejército más pequeño en los primeros días. El reino podría haber tenido su propia marina; sin embargo, esta presunción no está históricamente confirmada con exactitud alguna. También se desconoce si había una diferencia entre el ejército permanente y el profesional, así como si los soldados estaban luchando voluntariamente o fueron comisionados para defender el reino y participar en batallas.

Según algunos arqueólogos, Susa era una extensión de la ciudad-Estado sumeria de Uruk antes de convertirse en la capital de Elam. Susa se puede reinventar fácilmente visitando el sitio miles de años más tarde, ya que la antigua ciudad, ahora muerta y enterrada en la historia antigua, todavía ofrece una visión de su antigua gloria. Susa todavía tiene una magnífica plataforma que se eleva en el centro de la ciudad, con vasijas de cerámica que una vez ofrecieron sacrificios a los dioses. La plataforma solía ser un templo, y cientos de tumbas se levantaron alrededor de la base del edificio. Los arqueólogos sugieren que la fundación de Susa fue condicionada por la destrucción de Chogha Mish, que era un asentamiento cercano, y el abandono de las aldeas cercanas. A juzgar por la forma en que las cerámicas fueron pintadas de este período, y como concluyeron por los artefactos que fueron excavados miles de años más tarde, la región fue fuertemente influenciada por la cultura mesopotámica y durante el período anterior Susa se convirtió en una parte integral del período Uruk en Mesopotamia. Más tarde, a mediados del cuarto milenio, Susa se convirtió en la capital de Elam.

A diferencia de Mesopotamia a finales del cuarto milenio y el comienzo del tercer milenio, la población del antiguo Irán no fue alfabetizada inmediatamente. Sin embargo, las tierras bajas de Khuzestan, donde vivía la gente de Elam, desarrollaron una identidad nacional creando su primer alfabeto. Sorprendentemente, a pesar de que gran parte de esta región estaba influenciada por la cultura mesopotáutica y el período Uruk, el elamita surgió como un lenguaje aislado que no puede estar vinculado a ninguna otra lengua. Dado que Elam tenía una fascinación por las diferentes culturas, no era fácil para los elamitas desarrollar su propio idioma y alfabeto y formar una identidad única en el mundo antiguo. El lenguaje elamita no se puede comparar con ningún otro lenguaje conocido, razón por la cual su interpretación es a menudo difícil. El idioma utiliza formas cuneiformes, al igual que el acadio; sin embargo, estos idiomas no comparten la misma morfología. De las 20.000 tabletas de arcilla cuneiforme que representan el opus de la escritura elamita, la mayoría eran registros económicos.

Con el desarrollo de la alfabetización y el poder material, Elam estableció la gobernanza federal. La fuerza de Elam se vio en su gobierno, ya que mantenía a todos estos estados menores juntos y utilizaba eficientemente los recursos que cada estado tenía.

Capítulo 4 – Anatolia: El puente entre Asia y Europa y el ascenso del antiguo reino hitita

Desde tiempos prehistóricos, Anatolia, que conformaba la mayor parte de la Turquía moderna, fue el lugar de nacimiento de muchas civilizaciones. Después de todo, era una región estratégica, ya que Anatolia representaba el puente entre Europa y Asia. El primer intento serio de crear una nación civilizada en Anatolia ocurrió a finales del cuarto milenio a. C., lo que ocurrió junto con la llegada de la metalurgia en la Edad del Bronce temprana. El Kura-Araxes, una cultura transcaucásica, trajo metalurgia de bronce a Anatolia. Sin embargo, a diferencia de la Media luna fértil, que ya había dado a luz a reyes y emperadores que pronto serían, Anatolia permaneció "atrapada" en tiempos prehistóricos. Es por eso que no escuchamos historias de grandes guerras y sangre derramada entre las personas que vivían en esta región antes del surgimiento del Imperio acadio.

Sargón de la dinastía acadia es el responsable de romper el ciclo prehistórico en Anatolia. Después de que Sargón obtuviera en el poder, se interesó por Anatolia, ya que quería utilizar la región para exportar materiales valiosos para la fabricación. Así fue como

Anatolia se rindió a una región mucho más poderosa de la Media luna fértil y se vio influenciada por en la cultura acadia. De acuerdo con la épica historia mesopotámica de Sargón el Grande, conocido como el «rey de la batalla», una campaña fue dirigida contra la ciudad de Anatolia Burushanda, situada en el centro de Anatolia, al sur del río Kozl-rmak. El motivo de la campaña fue proteger a los comerciantes acadios. Aunque Sargón no conquistó toda Anatolia, la cultura acadia permaneció mucho después de la muerte de Sargón, que duró hasta que los guti derrotaron al último gobernante de la línea real acadia y se apoderaron del imperio.

Impulsados por los cambios climáticos, la falta de mano de obra en el ejército, el hambre y el descontento constante debido al empeoramiento de las condiciones de vida en el otrora gran Imperio acadio, los guti fueron capaces de entrar y derribar el gran poder mesopotámico. Con ese movimiento, la influencia del Imperio acadio en Anatolia se desvaneció lenta, pero constantemente. Los guti fueron derrotados por otra súper fuerza: el Imperio asirio. Con el comienzo del reinado de Ur-Nammu, que ascendió al trono en 2112 a. C. como el fundador de la tercera dinastía de Ur, los guti fueron expulsados del Imperio acadio. Anatolia fue parte de este suceso, y los asirios se apoderaron de ellos durante la Edad Media del Bronce. Los asirios estaban principalmente interesados en la plata que se podía encontrar en Anatolia. Hasta el final de la Edad Media del Bronce, Anatolia permaneció bajo la influencia y el dominio del Imperio asirio.

Sin embargo, los imperios suben y bajan, y al final de la Edad Media del Bronce, un nuevo reino surgiría en Anatolia para apoderarse de la región y establecer una nueva identidad cultural: el antiguo Imperio hitita. Este reino cambiaría la escena política en Anatolia apoderándose de Hattusa, convirtiéndola en la capital de un nuevo imperio de Anatolia. La entrada de la ciudad estaba enmarcada con una puerta de esfinge y estaba rodeada de ricos y exuberantes paisajes, por lo que no es de extrañar que los hititas eligieran Hattusa como la capital del antiguo Imperio hitita.

Sin embargo, antes de que los hititas llegaran a Anatolia desde las tierras más allá del mar Negro, los hatianos vivían en el centro de Anatolia. La evidencia de hatianos que habitaron esta zona de Anatolia se remontan a la influencia del Imperio acadio y Sargón, alrededor del 2350 a. C. La influencia de los hatianos se estableció tan profundamente en esta región que el centro de Anatolia era conocido como la «tierra de los haitianos". Al igual que en las otras partes de Anatolia, fue conquistada y fuertemente influenciada por el Imperio acadio y, más tarde, el Imperio asirio. La tierra de los hatianos se organizó en varias ciudades-Estado más pequeñas, en las que gobernaba la teocracia. Esto significaba que los hatianos creían que su gobernante era asignado por los dioses o incluso estaba relacionado con los dioses. La autoridad de tal gobernante nunca fue cuestionada, ya que su palabra fue considerada como la palabra de los dioses. Los hatianos y los hititas a menudo se confundían por ser las mismas personas con el mismo origen, aunque ese no era el caso. Esta confusión podría deberse a la asimilación de los hatianos una vez que los hititas llegaron a Anatolia. Los hititas llegaron al centro-norte de Anatolia alrededor de 1600 a. C. Unos 200 años más tarde, los hititas gobernarían la mayor parte de Anatolia, el norte del Levante y la Alta Mesopotamia.

El ascenso de los hititas en la antigua Anatolia

Se cree que los hititas llegaron de la región de la actual Ucrania. Para ayudar a confirmar esa teoría, el lenguaje de los hititas, que gradualmente se asimiló con el de los hatianos, era una forma de una lengua indoeuropea. Aunque era muy diferente del idioma que usaban los hatianos, el idioma de los hititas se convirtió en parte de la cultura de Anatolia.

La historia de los hititas comienza con el rey Anitta. El rey Anitta llegó al centro-norte de Anatolia alrededor de 1600 a. C. con su pueblo y el ejército hititas. La conquista de la región comenzó con el saqueo de Hattusa y el reino de Kussara. Las fronteras exactas de Kussara siguen siendo desconocidas, ya que la ciudad nunca ha sido encontrada. Antes de ese momento, Hattusa era la ciudad más poderosa y rica del imperio hitita, y había permanecido firme desde el año 2500 a. C. Hattusa fue incluso defendido con éxito de Sargón de Akkad y su nieto, Naram-Sin, pero no tenía ninguna oportunidad contra Anitta, que gobernó Kussara alrededor del siglo XVII a. C. El rey Anitta quemó la ciudad y se dice que la maldijo para cualquiera que intentara reconstruirla. La ciudad fue levantada una generación más tarde por Hattusili I, el fundador del antiguo Imperio hitita, que reinó desde 1650 a. C. hasta 1620 a. C. Hattusili significa «el de Hattusa». Los arqueólogos argumentaron una vez que el fundador de la línea hitita también era conocido como Labarna I, en cuyo caso su hijo y sucesor habría sido conocido como Labarna II. Sin embargo, era en realidad un título en lugar de un nombre.

Hattusili no se detuvo en la reconstrucción de la ciudad de Hattusa, lo que sucedió en algún momento durante su reinado. También decidió extender el dominio de su pueblo al mar Negro y al mar Mediterráneo, ampliando el territorio de los hititas en el primer año de su reinado. En su segundo año, el rey Hattusili conquistó Alalakh y varias otras ciudades de Siria. Hattusili era un rey ambicioso, y continuó sus campañas de guerra, llegando a Arzawa en el oeste de Anatolia en el tercer año de su reinado.

Mientras el rey estaba fuera en sus campañas, los hurrianos ocuparon las ciudades que anteriormente había sometido Siria. Los hurrianos vivían en Anatolia, Siria y Mesopotamia, pero su reino más poderoso era conocido como Mitanni. El reino de Mitanni estaba asociado con los caballos, ya que este animal era muy respetado en la cultura hurriana. El rey Hattusili pasó los siguientes tres años retomando las ciudades de Siria que había conquistado anteriormente. No hay más evidencia del reinado del rey Hattusili, aunque se sabe que gobernó más de seis años.

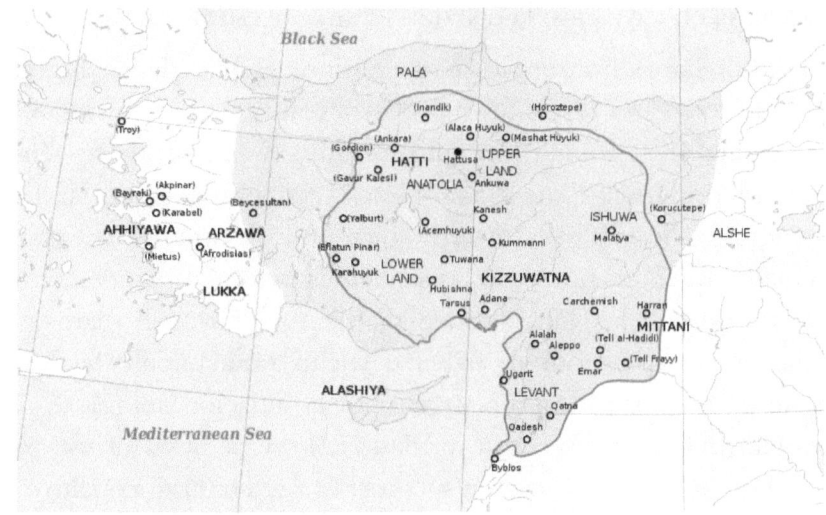

El Imperio hitita en su mayor esplendor
(https://images.app.goo.gl/zdSqP98JgyEm5eTKA)

El reinado de Hattusili fue duro, ya que tenía un control total sobre las vidas de sus súbditos. Era conocido por castigar los hechos que consideraba equivocados con la sentencia de muerte. A veces, su justicia era despiadada, incluso cuando sus hijos estaban involucrados.

Antes de profundizar en eso, veamos la vida familiar de Hattusili. Lamentablemente, no se sabe mucho sobre la mujer con la que el rey estaba casado. Se sabe que se llamaba Tawananna. El nombre de la esposa de Hattusili se convertiría en el título que tomarían todas las reinas hititas. Tener una reina no era solo una formalidad ya que la reina tenía el poder en caso de ausencia del rey. Si el rey estuviera fuera en campañas de guerra, la reina gobernaría con control total sobre los súbditos. La reina también tenía el papel de la alta sacerdotisa, mientras que el rey era el sumo sacerdote. La reina también podía realizar tareas diplomáticas, pero sus deberes oficiales eran en su mayoría religiosos. Sin embargo, la sucesión del trono no iría a la reina después de la muerte del rey. Sería el primer hijo quien se convertiría en el sucesor. En caso de que el primer hijo no fuera capaz de tomar el trono, se pasaría al segundo hijo. En caso de que el rey no tuviera hijos, nombraría a su yerno como el próximo gobernante, en cuyo caso la hija del rey se convertiría en Tawananna.

Hattusili había nombrado a su sobrino, el hijo de su hermana, como su sucesor. El rey se fue a la guerra con la ciudad de Halab, que era la capital de Yamhad (un antiguo reino semítico), destruyéndola tan devastadoramente que Halab nunca recuperaría su gloria. Todas las conquistas de Hattusili tuvieron lugar en los primeros tres años de su reinado, mientras que pasó las siguientes tres en la recuperación de los territorios de los hurrianos. Sin embargo, Hattusili regresó con heridas graves que podrían haberse vuelto rápidamente fatales. Su sobrino parecía estar despreocupado por la situación del rey. A pesar del gobierno feroz y a veces despiadado del rey, se puso furioso por la frialdad que parecía mostrar su sucesor. El rey Hattusili concluyó que había tomado una mala decisión al haber nombrado a su sobrino, que se convirtió en su hijo adoptivo, como heredero al trono, ya que el príncipe no derramó ni una lágrima por la posible muerte de Hattusili. En lugar de escuchar y preocuparse por Hattusili, el príncipe adoptivo, conocido por la historia como el joven Labarna, escuchó a sus hermanos, hermanas y a su madre. Estas personas no le enseñaron al joven heredero el camino correcto de la realeza, al menos a los ojos de Hattusili. El rey incluso solía llamar a su hermana «la serpiente». El rey ya no podía soportar esta desobediencia de su hijo adoptivo. Lo exilió, le concedió el título de sacerdote y lo envió a una finca.

Esta no fue la única vez que el rey fue decepcionado y traicionado por su propia sangre. Su hijo real se unió a la gente de Tappassanda (de ubicación desconocida) para conspirar contra el rey. El hijo de Hattusili planeó el levantamiento, que incluyó la desaparición de su propio padre. La gente de Tappassanda se unió a la conspiración porque recibirían una exención de impuestos. La traición de su hijo y más tarde de su hija, que conspiró contra él para que su hijo pudiera tomar el trono, fue lo que conformó la mente del rey para adoptar a su sobrino y nombrarlo el heredero al trono en primer lugar.

A pesar de todos estos apuñalamientos de su familia directa, el rey finalmente encontró un heredero que pensó que sería el sucesor perfecto al trono: uno de sus nietos jóvenes, Mursili. Mursili I heredó el trono alrededor de 1620 a. C., y como era menor de edad, no hizo campañas de guerra durante tres años. Hattusili parece haber elegido al sucesor perfecto, ya que Mursili, una vez que llegó a la mayoría de edad, decidió seguir los pasos de su abuelo cuando se trataba de la conquista. Mursili pasó a recuperar las ciudades en el norte de Siria, y también conquistó el reino Yamhad y su capital, Halab (hoy Alepo). A partir de ahí, se dirigió a una ambiciosa conquista, avanzando con sus 2.000 kilómetros militares (un poco más de 1.240 millas) en el centro de Mesopotamia. El objetivo era atacar, atacar y saquear Babilonia. Aunque la motivación detrás del ataque no es del todo clara para los historiadores, se cree que el rey tal vez quería tomar el grano de Babilonia, ya que los cultivos hititas fueron destruidos por la erupción de Thera (una gran erupción volcánica en la isla de Thera alrededor de 1600 a. C.). El rey tuvo tanto éxito en su conquista de Babilonia que puso fin a la dinastía amorita. Cuando Mursili regresó a su reino después de saquear Babilonia, fue asesinado, lo que sucedió alrededor de 1526 a. C. A pesar de las conquistas excepcionales del rey y las estrategias de guerra, Hantili, su cuñado, y Zidanta, el yerno de Hantili, buscaron la muerte del rey. Hantili también fue el portador de la copa del rey, y él fue el que gobernaría el reino después de la muerte de Mursili.

Durante su reinado, Hantili I logró perder el territorio en Siria que Mursili había conquistado, mientras que la regla central comenzó a perder su poder. El gobierno de Hantili estuvo marcado por la decadencia social y la incertidumbre. Sus conquistas militares, o intentos de conquista, le costaron territorios que sus predecesores habían gobernado. Hantili, que gobernó durante treinta años, fue sucedido por Zidanta I, quien gobernó durante diez años. Según las fuentes escritas, Zidanta I no era el legítimo heredero al trono, al menos no mientras Pisheni, el heredero legítimo, y sus hijos existieran. Hacia el final de la vida de Hantili, Zidanta mató a Pisheni y a sus hijos para que pudiera asegurar el trono por sí mismo.

Casi como si fuera una tradición, Zidanta también fue asesinado de la mano de su propio hijo, Ammuna. El rey Ammuna parece haber sido aún menos capaz en la estrategia militar y la guerra que su padre. Durante su reinado, Ammuna perdió una cantidad sustancial de territorio en poder del antiguo Imperio hitita. El rey tuvo una hija, Istapariya, y un hijo, Huzziya. Ammuna pudo haber tenido dos hijos más mayores que Huzziya —Hantili y Tittiya— y tenían derecho al trono sobre Huzziya. Sin embargo, las relaciones entre Hantili y sus supuestos hijos nunca han sido confirmadas con certeza. Se dice que Huzziya organizó una serie de asesinatos para heredar el derecho a gobernar. Así que, una vez más, el nuevo rey llegó al poder a través del asesinato y la conspiración.

El siguiente sucesor y último rey de los hititas fue Telepinu. Telepinu estaba casado con Istapariya, la hija de Ammuna, lo que significa que Huzziya era su cuñado. Telipinu quería detener el derramamiento de sangre, pero todavía estaba motivado por el hambre de poder, y no podía evitar su destino siguiendo los pasos de sus predecesores. Así, Huzziya y sus supuestos hermanos fueron asesinados, junto con el hijo y la esposa del rey Telipinu. Debido a todos los asesinatos que habían tenido lugar antes de su reinado, así como la gran pérdida de territorio con cada nuevo rey que llegó al trono, el rey Telipinu decidió crear un edicto que evitaría el asesinato en aras de heredar el trono. El rey Telipinu fue capaz de recuperar algunas de las tierras perdidas de Mitanni y los hurrianos al aliarse con los hurrianos de Kizzuwatna. Después de la muerte de Telipinu, el reino entró en un período que duraría setenta años, conocido como el Reino Medio o la Edad Oscura.

Capítulo 5 – El Levante: El reino de Ebla y las culturas del antiguo Levante

Con Mesopotamia al Este y situada entre el mar Mediterráneo y el desierto árabe, la «tierra del sol naciente» dio origen a algunas de las primeras tribus nómadas de la Edad de Piedra. Desde el 8500 a. C. hasta el 7000 a. C., se formaron numerosos asentamientos en todas las partes del Levante, un área que incluía la actual Siria, Líbano, Jordania, Palestina, Israel y la mayor parte de Turquía. La domesticación de perros y otros animales, así como el cultivo de plantas y granos, se ha registrado en estas partes. Hacia el año 6000 a. C., el clima comenzó a cambiar, y los asentamientos comenzaron a cambiar a una forma de vida nómada. Surgieron grupos de cazadores y recolectores, y tendían a ser influenciados por la cultura de Egipto, al menos a juzgar por la cerámica que se encuentra en el Levante.

La Edad del Bronce temprana corresponde al período sirio temprano, un tiempo en el que varios reinos poderosos gobernaron el Levante. El primer reino de Ebla, el reino de Nagar, y el segundo reino Mariota (Mari) dominaron el período sirio temprano, que es alrededor de la época en que los acadios establecieron numerosas ciudades en el norte de Sumeria, alrededor del 3.500 a. C. y el 3000 a. C. Ebla fue uno de los primeros reinos de la región de Siria, y comenzó como un modesto asentamiento en el Levante a principios del 3.500 a. C. Pero pronto se convertiría en un imperio comercial sin igual. Ebla negoció con Sumeria, Egipto, Chipre y Afganistán. En lugar de tomar prestada una lengua de una de estas culturas, el pueblo de Ebla tenía su propia lengua, el eblaíta, que es una lengua semítica extinta que se había utilizado en la región desde el tercer milenio a. C.

Ebla podría haber surgido como parte de la civilización de Kish que llegó al Levante occidental desde el centro de Mesopotamia a mediados del cuarto milenio a. C. La ciudad se estableció alrededor del 3.500 a. C., y fue construida sobre un afloramiento de piedra caliza. Se cree que Ebla significa "roca blanca". Pronto se convertiría en uno de los reinos más poderosos de la región.

El ascenso y la caída de Ebla y otros antiguos reinos sirios

Aunque los nombres de los reyes que gobernaron Ebla durante la era del primer reino son conocidos por la historia, hay muy poca información sobre algunos de sus reinados. El primer reino de Ebla fue fundado por Sakuma, que comenzó su reinado alrededor del 3100 a. C., unos 400 años después de que Ebla fuera fundada como un pequeño asentamiento y más de 600 años antes de que el primer reino desapareciera. La historia tampoco sabe muy poco sobre sus sucesores, cuyos nombres fueron descubiertos a mediados del siglo XX. Con el reinado del rey Sagisu, que comenzó alrededor del 2680 a. C., más información estuvo disponible sobre los nombres reales y los reinados de los reyes.

Pronto, Ebla se convirtió en un poderoso reino con conexiones favorables con Mesopotamia, el sur de Siria y el centro de Anatolia. Poco después de esto, comenzaría una guerra de cien años con Mari, una ciudad-Estado siria.

Al noroeste de la orilla del río, el pueblo de Mari, bajo el rey Ansud, comenzó a preparar su ataque contra el primer reino de Ebla. Ansud más tarde sería conocido como el rey más antiguo atestiguado en la historia del reino de Mari. Antes de que Mari se convirtiera en una fuerza militar a tener en cuenta, Mari era un pequeño asentamiento, al igual que Ebla. El asentamiento fue abandonado alrededor del 2500 a. C. por razones desconocidas, posiblemente debido a las inundaciones en la zona que no se podían prevenir con los principales canales que se habían construido previamente en la región. El pueblo de Mari regresó medio siglo más tarde para repoblar la ciudad, después de lo cual Mari se convirtió en un reino que era casi tan poderoso como Ebla.

El primer reino de Ebla en su mayor medida incluyendo los estados vasallos

(https://images.app.goo.gl/WGPDr2SEh97J3bfB8)

Alrededor de finales de 2416, bajo el reinado de Sa'umu, Mari continuaría la guerra con Ebla. El rey Sa'umu lanzó una serie de ataques contra muchas ciudades del primer reino eblaíta, que le dieron a Mari la ventaja. Kun-Damu, que fue el rey de Ebla durante el reinado de Sa'umu, logró derrotar a Mari.

El sucesor de Kun-Damu, Adub-Damu, es casi desconocido para la historia, excepto por su nombre. Sin embargo, se sabe más sobre el sucesor del trono del reino de Mari, Ishtup-Ishar, que continuó el camino trazado por sus predecesores conquistando dos ciudades eblaítas y manteniendo la guerra. Si bien Adub-Damu pudo haber tenido problemas con la defensa del reino de Ebla, su sucesor, Igri-Halam, lideró una victoria contra el reino de Mari, lo que condujo a la expansión más allá de la ciudad de Halab. Se cree que su otro nombre podría ser una conmemoración de alejar a los Mari de Halab.

Sin embargo, por lo que es recordado EL reinado de Igri-Halam es por la capitulación de Mari. El rey Iblul-II estaba en el trono de Mari, y se dice que fue uno de los reyes más enérgicos que el reino jamás haya visto. Iblul-II estaba interesado en conquistar a los eblaítas, así como a sus vasallos y aliados. El rey Iblul-II notó que el rey eblaíta estaba aumentando el ejército y organizando campañas ambiciosas. Para detener su expansión, el rey Iblul-II bloqueó la ruta comercial que Ebla utilizó con Kish y Nagar. El rey Iblul-II, también conocido como «el rey de Mari Abarsal», continuó sus campañas devastadas en toda la región, y Ebla se vio obligado a rendir un vergonzoso homenaje al reino Mari. Iblul-II recibió una gran cantidad de plata y oro como resultado, y continuó conquistando las ciudades de Ebla, lo que en consecuencia debilitó a los eblaítas.

Después de doce años de gobernar el trono, IGRI-HALAM fue sucedido por su hijo, Irkab-Damu, quien demostró ser un rey mucho más vigoroso, ya que deseaba recuperar la vieja gloria del reino de Ebla. Irkab-Damu tomó el trono alrededor del 2340 a. C. y gobernó durante once años. Durante su reinado, Ebla se convirtió en una potencia dominante en el Levante. El rey Irkab-Damu comenzó su gobierno estableciendo un tratado de paz entre Abarsal, que era parte del reino de Mari, situado al este de Ebla junto a la orilla del río del Éufrates. El objetivo del rey era poner fin al tributo dado a Mari, por lo que planeó atacar. Nizi, el sucesor de Iblul-II, no fue tan hábil en combate y estrategia militar como su predecesor. Por eso Irkab-Damu derrotó fácilmente el reino de Mari y estableció Ebla como una poderosa fuerza en la región. Durante los once años de reinado de Irkab-Damu, Ebla se expandió en su mayor medida, aproximadamente la mitad del tamaño de la Siria moderna. La mitad del reino fue controlado directamente por el rey y sus administradores de distrito, mientras que la otra mitad estaba dirigida por vasallos eblaítas. El reino de Ebla también desarrolló relaciones diplomáticas con las ciudades-Estado y reinos circundantes, que incluían Egipto y Hamazi (una antigua ciudad-Estado cuya ubicación es desconocida). Una carta que fue enviada al rey Zizi de Hamazi testifica que Irkab-Damu envió regalos al rey, pidiendo mercenarios a cambio. Irkab-Damu se refirió a Zizi como su «hermano», que muestra además la estrecha relación entre los dos reyes. Los dones del gobernante de Egipto también indican el alcance político y diplomático de Ebla.

Durante el reinado de Irkab-Damu, el visir se volvería más importante en los asuntos políticos del reino. Esto sucedería sobre todo en los últimos dos años de su reinado, ya que fue cuando Visir Ibrium vio su propio ascenso al poder antes de que el hijo de Irkab-Damu, Isar-Damu, asumiera el trono alrededor de 2320 a. C. La madre de Isar-Damu, Dusigu, que se casó con el rey en el quinto año de su reinado, estaba en realidad relacionada con el visir Ibrium. Desde que Isar-Damu heredó el trono a una edad muy temprana, probablemente cuando tenía seis o siete años, el visir se convertiría en el oficial principal del rey. Irkab-Damu tuvo otros hijos mayores, por lo que esta sucesión fue probablemente debido a la interferencia de la reina Dusigu, ya que era una de las consortes favoritas de su marido. Su decisión no fue un error, ya que Ebla siguió siendo fuerte bajo el gobierno de su hijo, que duró treinta y cinco años.

Isar-Damu continuó las guerras de su padre, pero también estableció un fuerte sistema diplomático, que pudo haber ayudado a Ebla a mantenerse en la cima. Mientras Isar-Damu todavía era muy joven, su madre y el visir Ibrium gobernaron a su lado. Durante ese tiempo el visir lideró campañas contra los vasallos rebeldes del reino. En el reinado de Isar-Damu, Ebla concluyó una alianza con Nagar, que resultó en un matrimonio entre la princesa Tagrish-Damu, la hija de Isar-Damu, y el príncipe de Nagar, Ultum-Huhu. Con la esperanza de derrotar al reino de Mari de una vez por todas, Isar-Damu se alió con Nagar y Kish. Al frente de la campaña estuvo el hijo del visir Ibrium, Ibbi-Sipish, quien se convirtió en el nuevo visir después de la muerte de su padre. Después de su victoria cerca de Terqa, el rey y sus aliados atacaron Armi, una ciudad vasalla y rebelde de Ebla. El rey Isar-Damu es considerado el último rey del primer reino eblaíta, aunque su hijo, Ir'ak-Damu, que estaba casado con la hija de visir Ibbi-Sipish, ascendió al trono por un breve período.

Los últimos días del primer reino eblaíta fueron registrados alrededor del 2300 a. C. cuando el reino fue destruido por primera vez. Dado que los perpetradores y la causa aún se desconocen, existen varias teorías sobre lo sucedido. Algunos creen que pudo haber sido Mari buscando venganza, ya que la destrucción ocurrió varios años después de la batalla de Terqa. Sin embargo, basado en los registros del nieto de Sargón, Naram-Sin, que fue de campaña en la región alrededor de esta época, la ciudad de Ebla fue destruida por los acadios. En las inscripciones de Naram-Sin, se registra que el ejército del Imperio acadio destruyó la ciudad de "Ibla", que podría ser una referencia a Ebla. Algunos arqueólogos sostienen que fue una catástrofe natural. Se ha sugerido que se desató un incendio, ya que el impacto más significativo se limitó al palacio. Tampoco hubo señales de saqueo, lo que puede proporcionar indicios claros de que los acadios no fueron responsables de la destrucción.

Después de la destrucción de la ciudad, se produjo un nuevo período para el reino. Esto se conoce como el segundo reino de Ebla, que duró desde 2300 a. C. hasta 2000 a. C. Comenzó con la construcción de un nuevo palacio real, que se estableció en la zona baja de la ciudad. También se dice que surgió una nueva línea real, aunque estaban relacionados con la línea de reyes que gobernaban el primer reino. Se sabe muy poco sobre este período ya que no hay evidencia escrita sobreviviente sobre los nombres de estos reyes. El reino fue quemado una vez más alrededor del año 2000 a. C., y se cree que esta destrucción fue el resultado de una invasión de los hurrianos, que llegaron a la región alrededor de 2030 a. C. Se dice que una antigua ciudad vasalla eblaíta, Ikinkalis, lideró el ataque que puso de rodillas a la ciudad. El tercer reino de Ebla emergió de las cenizas de la ciudad quemada, y una vez más, se construyó un nuevo palacio real, junto con nuevos templos.

Este reinado duraría desde 2000 a. C. hasta 1600 a. C., comenzando con el gobierno de Ibbit-Lim. Dado que Ibbit-Lim es un nombre amorreo, se sugiere que el pueblo de Ebla era ahora amorreo, al igual que la mayoría de los habitantes en Siria en ese momento. Los amorreos eran un pueblo de habla semítica, que llegaría a establecer una poderosa dinastía en Babilonia. La lista de reyes que gobernaron el tercer reino de Ebla parece ser exclusivamente amorrea. Sin embargo, la lista parece tener lagunas severas. Solo cuatro nombres aparecen en la lista, a pesar del hecho de que el reino estuvo alrededor durante 400 años. Esta falta de evidencia escrita nos lleva a 1750 a. C. cuando el reino fue gobernado por el rey Immeya, cuyo nombre completo no se conoce. Lo que se sabe es que el rey tuvo relaciones diplomáticas con Egipto y el faraón Hotepibre de la decimotercera dinastía. En el momento del gobierno de Immeya, Ebla se había convertido en el vasallo de Yamhad, un reino amorreo. Después del reinado del rey Immeya, un rey desconocido llegó al trono. Los arqueólogos han encontrado un nombre parcial para este gobernante de una tableta que se encuentra en las ruinas de esta ciudad, pero nada más se sabe acerca de su reinado. Se ha sugerido que su nombre era Hammurabi, ya que el nombre parcial es Hammud. Indillima emergió como el último rey de Ebla, y gobernó alrededor de 1600 a. C. Su hijo, Maratewari, nunca tuvo la oportunidad de gobernar, ya que el reino fue destruido por el rey Mursili I de los hititas. El reino de Ebla fue destruido, y nunca recuperó su gloria anterior.

Cultura, militares y fobierno de Ebla

Aunque se encontraba cerca de las regiones fuertemente influenciadas por Sumeria y Mesopotamia, los eblaítas lograron preservar su identidad cultural a través de su organización política, idioma y religión únicos. Las deidades que se adoraban en esta región estaban específicamente relacionadas con la cultura eblaíta, y las mujeres gozaban de un gran respeto, lo que convirtió a la reina en una figura importante en los asuntos políticos y religiosos.

La ciudad de Ebla tenía cincuenta y seis hectáreas de terreno que estaban divididas en cuatro distritos, con cada distrito teniendo sus propias puertas y fortificaciones separadas. La ciudad tenía una ciudad baja y una acrópolis en el centro, donde se construyó el palacio del rey. La ciudad también tenía dos templos, y los reyes eran enterrados fuera de la ciudad en tumbas reales. El reino pasaría por muchas transformaciones y cambios en términos de edificios y arquitectura general con el segundo y tercer reino de Ebla. El gobierno tenía al rey como jefe de la ciudad-Estado, pero no gobernaba por sí mismo, ya que tenía un consejo de ancianos, divisiones administrativas y el gran visir al que todos ayudaban a tomar decisiones también. Trece dignatarios de la corte supervisaban las divisiones administrativas, y cada uno controlaba entre 400 y 800 hombres. Dado que la ciudad estaba dividida en cuatro distritos, cada distrito tenía varios diputados y un inspector jefe, que supervisaba el distrito e informaba al rey. El rey extendería su poder para proteger los intereses reales empleando agentes, mensajeros y coleccionistas. El siguiente en la línea para el trono, el príncipe heredero, estaba incluido en los asuntos internos, mientras que el segundo hijo mayor estaba involucrado en asuntos exteriores. La reina también tuvo un papel importante en el reino, y su título le permitió tener un voto en los asuntos y asuntos internos del reino. Los estados vasallos eran autónomos, pero todavía tenían que rendir tributo al reino y enviar asistencia militar a petición del rey.

El asentamiento de Ebla comenzó a hacerse rico con el comercio, especialmente debido a la creciente demanda de lana en Sumeria. Los registros encontrados en el antiguo reino testifican que el rey tenía muchas ovejas, lo que significa que tenía abundante lana para comerciar. Los eblaítas también producían exceso de alimentos con los que comerciar. La economía y la prosperidad financiera del reino estaban en su mayoría en manos de las aldeas, que pagaban impuestos al reino. El rey distribuía alimentos para todos los trabajadores estacionales y permanentes del palacio. El reino vivía principalmente de la agricultura pastoral, mientras que grandes manadas de ganado eran mantenidas y controladas por el rey también.

El idioma de Ebla se conoce como eblaíta o paleo-siria, y pertenece al grupo de lenguas semíticas extintas. El eblaíta no solo se utilizó dentro de las fronteras del reino, ya que una versión modificada del idioma también se utilizó en los reinos de Mari y Nagar. La mayoría de la escritura eblaíta está relacionada con la economía y la administración; sin embargo, también se encontraron textos con mitos y proverbios, así como textos bilingües escritos en eblaíta y sumerio.

Capítulo 6 - El ascenso del Imperio asirio y Babilonia de las cenizas de Akkad

El Imperio acadio cayó alrededor del 2154 a. C. con la llegada de los guti, que desplazaron el poder de Akkad en la Media luna fértil aprovechando las guerras civiles y las sequías que habían creado una atmósfera explosiva y tensa en el imperio. Descendiendo de los montes Zagros como un conglomerado tribal, los guti buscaron la prosperidad que se podía encontrar en las llanuras de Mesopotamia, Sumeria y las regiones circundantes. Los guti conquistaron Akkad desmoralizando a sus tropas, ya que saquearon y destruyeron todo con una estrategia de esconder y buscar, según la cual los guti atacaban una ciudad y luego pasaban a la siguiente antes de que los militares pudieran llegar. Trabajar en los campos y viajar se volvió inseguro debido a los guti. Todo esto provocó el miedo y la hambruna en las ciudades del antiguo Imperio acadio.

En ese momento, los guti estaban gobernados por un rey sin nombre, y mientras se movían por toda la región, conquistando y saqueando, algunas de las ciudades-Estado que pertenecían al Imperio acadio lograron sobrevivir y permanecer intactas por las tribus de los montes Zagros. Lagash fue uno de esos lugares, ya que continuó prosperando bajo la mano dominante de una dinastía local.

Tal vez sea inimaginable para un lector moderno entender el horror al que se enfrentaban, a las hambrunas, sequías y conflictos internos cuando llegaron los guti. Fueron descritos como seres anormales sin religión y una falta de voluntad para ajustarse a las leyes y costumbres del mundo civilizado. Son descritos por los habitantes de Mesopotamia como animales que hablaban un lenguaje que sonaba muy parecido a un balbuceo. Los guti liberaban a los animales domésticos para que pudieran deambular libremente, y no sabían nada sobre riego y agricultura. Esto contribuyó al deterioro de Mesopotamia, donde todos gobernaba, pero nadie era rey. Los guti no eran capaces de liderar en un mundo civilizado, ya que no sabían nada sobre política o complejas redes de canales. Como resultado, su gobierno era burdo y desorganizado. Su incapacidad para gobernar un mundo civilizado con una organización compleja arrasó la prosperidad de la región, lo que resultó en un gran número de muertes causadas por la hambruna.

Después de la muerte de Shar-Kali-Sharri de Akkad, la lista de reyes sumerios nombra cuatro reyes diferentes en solo tres años, lo que indica una intensa rotación de poder. Después de ellos, la lista pasa a nombrar a nueve reyes más, que gobernaron durante un total de sesenta y cinco años. Las hordas gutianas fueron dirigidas por reyes sin nombre, con un total de veintiún gobernantes durante noventa y un años. Uno de los reyes gutianos permaneció durante solo cuarenta días, lo que describe perfectamente el clima político de las edades oscuras mesopotámicas.

Los asirios eran súbditos del Imperio acadio antes de su caída, y lograron obtener la independencia con la llegada de las hordas de gutianos. Pero no duró, porque después de la fundación del Imperio neo-sumerio, también conocido como la tercera dinastía de Ur, que ocurrió alrededor del 2112 a. C., la ciudad asiria de Ashur cayó bajo la influencia del nuevo poder sumerio. Sin embargo, Nínive y el extremo norte permanecieron intactos.

La tercera dinastía de Ur

Durante el renacimiento sumeria, los guti fueron expulsados de la región por el rey de Uruk, Utu-hengal. Su yerno, Ur-Nammu, se convertiría en el fundador de la tercera dinastía de Uruk. Utu-hengal llegó al poder sobre Uruk en 2120 a. C. y gobernó hasta 2112 a. C. Derrotó al último rey gutiano, Tirigan, y con ello acabó la era gutiana y las edades oscuras mesopotáticas. Utu-hengal es considerado el predecesor directo de la tercera dinastía de Uruk, y fue visto como un gran héroe por el pueblo sumerio. Utu-hengal incluso llevaba el título característico de los reyes de Akkad, «el rey de los cuatro barrios». La hija del rey se casó con su sucesor, Ur-Nammu, así que la corona de tu estancia se quedó en la familia real.

Ur-Nammu llegó al trono en 2112 a. C. Durante este tiempo, los asirios estuvieron en gran parte bajo la influencia de Sumeria y la tercera dinastía de Ur. Aunque la dinastía fue fundada oficialmente por Ur-Nammu, su suegro había establecido un terreno sólido para el desarrollo de una dinastía fuerte. Los guti y su reinado caótico se habían ido, y las ciudades de Sumeria, incluyendo Uruk, ahora podían restablecer su poder y gloria. Por fin los asirios se convertirían en gobernadores vasallos de su dinastía.

Ur-Nammu continuó conquistando Susa y construyó el muro de Ur en el tercer año de su reinado. Luego recibiría Nippur, donde más tarde construiría el templo de Nanna. Los guti no fueron derrotados hasta el séptimo año de su reinado. Después de destruir por completo a los Guti, Ur-Nammu dedicó su gobierno a restaurar el orden general en la región, centrándose en el comercio, las carreteras, la reconstrucción de templos y las ciudades saqueadas, en descomposición, y la reconquista de territorios en el centro y norte de Mesopotamia. Ur-Nammu también creó el código de ley conservado más antiguo, conocido como el Código de Ur-Nammu. Este código, que fue escrito en sumerio, regulaba la vida de la gente, incluyendo esclavos y personas libres.

Ur-Nammu gobernó hasta 2095 a. C., después de lo cual fue sucedido por su hijo, Shulgi. Se dice que Shulgi gobernó durante cuarenta y ocho años, terminando la mayor parte de lo que su padre había comenzado durante su reinado y fortaleciendo el dominio de la dinastía en la región y más allá. Incluso recibió el título de divinidad en el trigésimo tercer año de su reinado. Shulgi continuó con la obra de su padre de modernizar el reino, lo que llevó a escribir reformas, reorganizaciones del ejército, grandes proyectos de reconstrucción y reformas fiscales. Después de un largo y fructífero reinado, Shulgi fue sucedido por Amar-Sin en 2047 a. C.

Durante el gobierno de Amar-Sin, Ushpia se convertiría en el primer rey independiente de Asiria, aunque algunos registros mencionan a un rey Zariqum, que se dice que fue el gobernador de Ashur durante el reinado de Amar-Sin. Amar-Sin extendió las fronteras del Imperio neosumerio a las provincias septentrionales de Hamazi y Lullubi, y estas provincias fueron asignadas como gobernadoras para proteger los intereses reales. Su reinado terminó en 2038 a. C. Fue sucedido por su hermano, Shu-Sin. Shu-Sin reinó hasta 2029 a. C., que fue solo varios años antes del surgimiento del antiguo Imperio asirio en 2025 a. C. Durante el primer año de su reinado, Shu-Sin tuvo que lidiar con la rebelión de sus súbditos amorreos, y decidió construir un muro fortificado entre los ríos Tigris y Éufrates para prevenir más posibles ofensas. Fue sucedido por su hijo, Ibbi-Sin, que reinaría desde 2027 a. C. hasta 2002 a. C.

Ibbi-Sin fue el último gobernante del Imperio neosumerio, ya que la tercera dinastía de Ur estaba a punto de caer. A lo largo de los años, los asirios habían ido trabajando lentamente para formar un reino independiente. Ibbi-Sin decidió hacer campaña contra Elam, y murió en la batalla. El rey no llegó en las tierras elamitas. Los elamitas derrotaron al rey, lo tomaron cautivo y finalmente destruyeron el Imperio neosumerio y la tercera dinastía de Ur. Era hora de que los amorreos, que poco a poco habían ganado poder a lo largo de los años, se levantaran y establecieran su influencia en Mesopotamia. Aunque introdujeron por primera vez un estilo de vida seminómada para el pueblo, los amorreos pronto construyeron un imperio mercante, estableciendo dinastías independientes en las ciudades-Estado del sur de Mesopotamia, entre las que se encontraban Lagash, Eshnunna, Larsa, Isin y más tarde Babilonia.

Después de la desaparición de la tercera dinastía de Ur, Puzur-Ashur I, cuyo nombre se traduce como «el siervo de Ashur», comenzó su reinado sobre Asiria hasta 1950 a. C. Fue sucedido por su hijo, Shalim-Ahum, que significa «mantener a salvo a los hermanos». Este nombre podría mostrar la determinación de los asirios en recuperar su independencia y restablecer su identidad cultural mientras desafiaban los posibles ataques de las ciudades-Estado vecinas. Reinó hasta 1900 a. C. y fue sucedido por Illu-Shuma, su hijo, después de lo cual Erishum I, el hijo de Illu-Shuma, llegó al trono. Comenzó su gobierno en 1905 a. C. y gobernó hasta 1876 a. C. Erishum I amplió las fronteras del Imperio asirio mientras construía nuevos templos, muros y fortificaciones. Erishum también revisó el código de derecho y estableció exenciones fiscales para la condonación de deudas, que podrían pagarse en plata, oro o incluso lana. Incluso permitió que los demandantes fueran representados por abogados.

Erishum fue sucedido por su hermano, Ikunum, que reinó desde 1867 a. C. hasta 1860 a. C., que fue más de medio siglo antes de que el antiguo imperio asirio se encontrara con el creciente poder de Babilonia. El rey fortificó aún más la ciudad de Ashur y continuó manteniendo las colonias comerciales a lo largo de la ruta comercial de Anatolia. Ikunum fue sucedido por su hijo, que llevaba el nombre del primer emperador de la historia. Sargón I, el mayordomo de Ashur, gobernó durante treinta y nueve años hasta 1821 a. C. Su hijo, Puzur-Ashur II, llegó al trono a una edad avanzada, como su padre gobernó durante casi cuarenta años. Puzur-Ashur nombró a su hijo

Naram-sin, en honor al nieto de Sargón de Akkad, lo que podría mostrar el deseo de que los asirios se identificaran con el otrora glorioso Imperio acadio. La dinastía de Puzur-Ashur I terminó con el sucesor de Naram-sin, Erishum II. Erishum II gobernaría el reino desde 1815 a. C. hasta 1809 a. C. Fue depuestado por el usurpado Shamshi-Adad I.

Shamshi-Adad I de los amorreos conquistó el antiguo Imperio sirio, la Alta Mesopotamia, la mayor parte de Siria, y el Levante. Shamshi-Adad ascendió como el primer rey amorreo de Asiria, aunque afirmó estar relacionado con Ushpia para legitimar su derecho al trono asirio. Su hijo y sucesor, Ishme-Dagan I, que llegó al trono en 1776 a. C., no fue un brillante señor de la guerra como su padre. En cambio, perdió muchos de los territorios que su padre había conquistado durante su reinado, que incluía el Levante y el sur de Mesopotamia. Estos cayeron bajo la influencia de la ciudad-Estado sumeria de Eshnunna y el reino Mari. Ishme-Dagan I era contemporáneo del rey Hammurabi, que logró reforzar Babilonia como un poder importante en la región, y los dos tenían relaciones tolerables. Dado que la línea de Ishme-Dagan continuaría durante tres generaciones más, sus sucesores serían testigos del creciente poder de Babilonia, que comenzó con la Primera dinastía amorita y el rey Sumu-abum.

El ascenso de Babilonia y la primera dinastía amorita

Antes de Sumu-abum, Babilonia era solo una ciudad en Babilonia, que era un reino en Mesopotamia. Aunque Sumu-abum no mostró interés en declararse rey de Babilonia, todavía es conocido como el primer rey de la primera dinastía Babilonia. Liberó Babilonia y una pequeña zona que perteneció a la ciudad amorita de Kazallu. También reclamó un pequeño centro administrativo en el sur de Mesopotamia. Sumu-abum fue un cacique de Babilonia desde 1894 a. C. hasta 1881 a. C. y fue sucedido por Sumu-la-El, su hijo, que reinaría desde 1881 a. C. hasta 1845 a. C. Cuatro generaciones más tarde, Hammurabi, el sexto rey de la dinastía I, establecería un imperio basado en la ciudad de Babilonia que viviría mientras el rey que la fundó se mantuvo en pie. Hammurabi heredó el trono de su padre, Sin-Muballit, quien tuvo que renunciar a su posición debido a que enfermó. El reinado de Hammurabi comenzó alrededor de 1792 a. C. cuando tenía unos dieciocho años, y duró cuarenta y dos años, durante los cuales transformó Babilonia en un reino poderoso.

Antes de que Hammurabi llegara al trono, Babilonia era una ciudad bastante pequeña, que, aunque cada año era más poderosa, estaba rodeada de vecinos más fuertes, como Isin, Eshnunna, Larsa y Asiria. Sin embargo, Sin-Muballit conquistó una pequeña zona en el centro-sur de Mesopotamia, que incluía kish, Sippar y Borsippa. Cuando Hammurabi ascendió al trono, fue el rey de un pequeño reino con una situación geopolítica bastante compleja. Independientemente de los reinos más poderosos y sus planes de expansión, Babilonia no entró en conflictos con otras ciudades y reinos en los primeros años del reinado de Hammurabi. Hammurabi se encargó de Babilonia estuviera en buen estado, iniciando un gran número de obras públicas, que incluían la expansión de templos y la mejora de las murallas de la ciudad con fines defensivos.

Varios años después de su reinado, alrededor de 1783 a. C., el poderoso reino de Elam decidió invadir las llanuras mesopotámicas con algunos aliados, lo que llevó a la conquista de Eshnunna y varias ciudades más pequeñas en las llanuras. Esa fue la primera vez que Elam invadió esta región, y tuvo éxito, en parte gracias a sus aliados. El siguiente objetivo de Elam fue el pequeño reino de Hammurabi y Larsa. Elam no atacó los dos reinos directamente, sino que intentó iniciar una guerra entre los dos reinos para consolidar el poder. En lugar de luchar unos contra otros, el rey de Larsa y Hammurabi entró en una alianza para aplastar a los elamitas. Larsa pudo haber sido un aliado, pero el reino no hizo ningún esfuerzo para contribuir al poder militar. A pesar de esto, Babilonia aplastó a los elamitas. Hammurabi no pudo perdonar al rey de Larsa por no enviar asistencia militar contra Elam. Entonces, el rey de Babilonia decidió atacar Larsa y expandirse en las partes meridionales de las llanuras mesopotáticas. Consiguió controlar esta región en 1763 a. C.

Hammurabi continuó sus conquistas, ya que sus ambiciones no se detuvieron en la defensa de Babilonia de los elamitas y la conquista de Larsa. Hammurabi llevó su ejército al norte, conquistando Eshnunna y el reino de Mari, a pesar de que Mari era uno de sus aliados en una campaña anterior. Mari probablemente se rindió sin una batalla. Después de esto, Hammurabi entró en una guerra prolongada con Asiria, que fue dirigida por el rey Ishme-Dagan I. Buscando una manera de ganar la ventaja en esta guerra, ambos bandos reclutaron aliados, que incluían varias ciudades-Estado más pequeñas en la región. Justo antes de la muerte de Ishme-Dagan I, Hammurabi finalmente había ganado la guerra, y el nuevo rey, Mut-Ashkur, el hijo de Ishme-Dagan, tuvo que rendir tributo a Babilonia. En solo varios años, todo Mesopotamia, con la exclusión de Qatna y Alepo, estaba bajo el dominio del poderoso Hammurabi. Además, Asiria continuó rindiendo tributo a Babilonia. Hammurabi incluso reclamó el título de rey de los amoritas después de sus conquistas.

Hammurabi también escribió un nuevo código de derecho, que era bastante diferente al de las leyes sumerias anteriores. Este código de derecho se centró en castigar al perpetrador en lugar de compensar a la víctima del delito. Muchos de los castigos en el código de Hammurabi resultaban en la muerte. El prefacio del código dice que Hammurabi fue elegido por Shamash, el dios de la justicia que era adorado en Babilonia. Durante el reinado de Hammurabi, Babilonia ganó el estatus de ser la ciudad más sagrada de toda Mesopotamia.

Sin embargo, a pesar de todo el poder que Babilonia había establecido en la región, el imperio vivió tanto como su fuerza motriz. El poder efímero de Babilonia comenzó a declinar con la muerte de Hammurabi y el gobierno de su hijo y sucesor, Samsu-Iluna, quien ascendió al trono en 1750 a. C. después de la muerte de su padre.

Unos años después de la muerte de Hammurabi, las ciudades conquistadas bajo el control de Babilonia comenzaron a rebelarse. Elam y Asiria fueron los primeros entre muchos en iniciar un levantamiento contra el reino que Hasamibi había fundado. Sin embargo, el hijo de Hammurabi no pudo preservarlo. Hubo muchas revueltas, de las cuales algunas fueron aplacadas con éxito por Samsu-Iluna. Sin embargo, el caos que surgió con las numerosas rebeliones fue demasiado para el sucesor de Hammurabi, dejando al rey de Babilonia con una fracción del territorio con el que su padre le había dejado.

Cultura, gobierno y militares del Imperio asirio

El gobierno asirio era una monarquía, y el rey era considerado divinamente designado. El rey gobernaba de forma autónoma, aunque no dirigía solo los asuntos del reino, sino que tenía funcionarios de la corte, ministros principales y sirvientes, que ayudaban a cuidar de la corte. Los funcionarios reales pertenecían en su mayoría a la aristocracia asiria. Sin embargo, algunos funcionarios tenían orígenes diferentes; algunos eran esclavos a los que se les concedió su libertad, y otros tenían orígenes humildes. Los sirvientes eran prácticamente las arterias de la corte, ya que estaban a cargo de las tareas cotidianas en el palacio real y se aseguraban de que todo funcionara sin problemas. Los funcionarios del palacio controlaba y supervisaba a los sirvientes para asegurarse de que todo estuviera en orden y protocolos coincidentes. Uno de los oficiales de más alto rango fue el portador de la copa real. El portador de la copa compartiría la visión de los asuntos del reino con el rey y ciertamente tendría su confianza. Entre los ministros principales importantes se encontraban el jefe del ejército y el canciller. También había un gran personal administrativo que participaba en asuntos internos y exteriores. El título del rey era hereditario, por lo que el príncipe heredero fue proclamado durante la vida del rey y sería entrenado para convertirse en un rey como para estar listo cuando llegara su turno. El príncipe heredero aprendería sobre la guerra, la diplomacia y la política, incluyendo asuntos internos y extranjeros.

El ejército asirio se basó en los primeros estándares de la guerra mesopotámica, refiriéndose al concepto del ejército imperialista que Sargón creó en el Imperio acadio. La fuerza del Imperio asirio se basaba únicamente en el poder de su ejército. A pesar de que los asirios admiraban el modelo de las fuerzas militares acadias, los asirios hicieron algunas innovaciones en la guerra. El ejército asirio fue el primero en el mundo en aprovechar las armas y armaduras hechas de hierro. Durante la Edad del Bronce y la Edad del Hierro temprana, los soldados aristocráticos estaban generalmente mejor armados y tenían carros para una guerra más eficientes. Sin embargo, cuando el hierro se comenzó a utilizar más tarde en la Edad de Hierro, los asirios podían armar eficientemente a los soldados comunes, ya que la producción de armaduras de hierro, armas y carros eran baratos, ya que tenían acceso al mineral de hierro. Como resultado, había más soldados en las unidades de caballería e infantería. El ejército asirio también comenzó a equipar a sus soldados con más caballos, lo que hizo que los carros fueran moderadamente redundantes, ya que los jinetes eran más eficientes en combate. Cada comandante tenía una guarnición permanente del ejército estacionada a través de puntos estratégicos en el imperio, por lo general cerca de los reinos vasallos para mantenerlos bajo control. Los soldados sirvieron voluntariamente al ejército, y serían entrenados en campamentos antes de ser enviados a campañas. A los soldados comunes se les podrían otorgar rangos más altos en función de su servicio, entrenamiento y contribuciones de guerra.

Los asirios utilizaron la lengua acadia en la vida cotidiana, por lo que la primera lengua asiria representa un dialecto de acadio. El sumerio también fue utilizado durante el antiguo imperio asirio, que duró entre 2025 a. C. y 1378 a. C. Sin embargo, solo fue utilizado por sacerdotes con fines litúrgicos y religiosos. El lenguaje del comercio era el arameo, que más tarde fue adoptado por los asirios en el Imperio neoasirio alrededor del 911 a. C.

Cultura, gobierno y fuerzas armadas en la Babilonia de Hammurabi

Hammurabi trajo algunas de las mayores reformas a Babilonia. Hammurabi no solo era un líder militar excepcional y un gran estratega de guerra, sino que también estaba interesado en reformar la ley para responder a su visión de la justicia. Por eso creó un código que no solo cubría las principales leyes del reino, sino que también abordaba las preocupaciones de la vida cotidiana. Por ejemplo, el código prescribió honorarios que debían pagarse por diversos servicios profesionales, como los servicios médicos, por ejemplo. También regulaba el divorcio, el matrimonio, el comercio, la propiedad dañada, la herencia, las normas de construcción y la responsabilidad de los constructores por su trabajo. Hammurabi presentó la ley como otorgada por el dios de la justicia, Shamash, y asumió el papel de un rey justo que con mucho gusto se estaba involucrando con las disputas legales de sus súbditos. Este código también fue la primera ley que incluyó la presunción de inocencia, lo que significa que el acusado sería tratado como inocente hasta que se demostrara su culpabilidad. Además, había una estratificación social en las leyes del imperio que los castigos, recompensas y disposiciones legales según fueran esclavos, hombres libres y mujeres.

Hammurabi también confió en la administración y los funcionarios de la corte para practicar y ejecutar las leyes que había presentado como la voluntad del dios de la justicia. Los escribas y eruditos fueron la base misma de su administración, ya que registraron todo lo que estaba pasando dentro del imperio. Dirigir un imperio se hizo más eficiente por esto y por el número de funcionarios que participan en los asuntos internos del imperio. Los hijos de Hammurabi también participaron, específicamente en misiones diplomáticas. Cada vez que Hammurabi conquistaba un nuevo territorio, enviaba una delegación de funcionarios con uno de sus hijos a la cabeza para integrar pacíficamente la región.

Hammurabi aprendió del pasado cuando se trataba de la forma en que organizaba y conducía sus tácticas de guerra. Copió tácticas usadas por primera vez por Sargón y utilizó las mismas armas y unidades militares también, aprovechando arcos compuestos. Una de las tácticas de Hammurabi fue crear alianzas para luego conquistar y someter los territorios.

Capítulo 7 – El antiguo y nuevo reino de Egipto: Egipto dinástico y el ascenso del poder en las orillas del Nilo

Con el fin del período predinástico y la dinastía I de Egipto, estaba a punto de surgir un nuevo poder dinástico. Con el ascenso de Hetepsejemuy, se estableció la segunda dinastía, en la que el Alto y el Bajo Egipto todavía estaban unidos. Aunque poco se sabe sobre esta dinastía, los registros indican que este fue un período de importante desarrollo económico e institucional que más tarde definió a Egipto como un reino. Hetepsejemuy comenzó su reinado en 2890 a. C. y gobernó durante unos veinticinco años desde Tinis, la capital del reino. Hay poco se sabe sobre el primer faraón de la dinastía II, pero se ha sugerido que el faraón llegó al trono durante la agitación política.

Según evidencias escritas y tabletas reales, Nebra fue el siguiente en la fila. Gobernó entre diez y catorce años; sin embargo, al igual que su predecesor, poco se sabe acerca de su reinado. Su nombre real se da para honrar a Horus, y significa «señor del sol», que significa el comienzo de la adoración del sol en la religión egipcia. Siguiendo el gobierno de Nebra, el trono egipcio perteneció a Nynecher, luego a Senedjem, y luego a Hetepsejemuy, que es indiscutiblemente el faraón más conocido de la dinastía II, así como el último faraón de la dinastía. Hetepsejemuy gobernó alrededor de 2690 a. C. durante dieciocho años. Lo que es importante saber sobre este período es la presencia de guerras civiles radicales entre el Alto y el Bajo Egipto y el desequilibrio entre los adoradores de las deidades egipcias Horus y Seth, lo que hizo que las dos regiones se dividieran una vez más. Hetepsejemuy detuvo estas guerras civiles y reunió al Alto y Bajo Egipto. Después de esto, Hetepsejemuy se centró en la construcción durante su reinado. Tuvo varias campañas de guerra durante su reinado, pero es más conocido por la reunificación de Egipto y la construcción de fuertes en Abydos y Nekhen.

Después de la muerte de Hetepsejemuy, el reino de Egipto entró en una nueva era una vez más. Esta fue la dinastía III, que introdujo el antiguo reino de Egipto en 2686 a. C. El antiguo reino fue gobernado por la tercera, cuarta, quinta y sexta dinastía, terminando alrededor de 2613 a. C.

Aunque los registros sobre el final de la dinastía II son oscuros, se sugiere que Egipto podría haber pasado por un período turbulento, ya que posiblemente fue devastado por guerras civiles. Djoser fue el primer faraón de la dinastía III, y durante su reinado, la capital fue trasladada de Tinis a Menfis. Djoser era hijo de Hetepsejemuy y también era su sucesor al trono, aunque sigue siendo un misterio si realmente fue el primero en la línea. Djoser puso fin a la guerra civil después de ascender al trono y reunir el Alto y Bajo Egipto. El primer faraón de la dinastía III también dirigió un número sustancial de expediciones, sobre todo en la península del Sinaí. Se dice que puso fin a la hambruna en Egipto que había durado siete años después de reconstruir el templo de Khnum, pero su proyecto de construcción más famoso fue su pirámide escalonada en Saqqara, donde fue enterrado después de su muerte. Fue sucedido por Sekhemkhet alrededor de 2648 a. C., que podría haber gobernado durante seis o siete años. Se sabe muy poco sobre su reinado. La lista de los faraones de la dinastía III es igualmente oscura, ya que los arqueólogos son incapaces de diferenciar todos los nombres encontrados en las tabletas. Más tarde llegó Jaba, su hijo Huni, y luego su nieto Sneferu. Sneferu sería el faraón fundador de la dinastía IV.

Seneferu fundó la dinastía IV alrededor de 2613 a. C. bajo el nombre de Horus. Gobernó Egipto durante al menos veintisiete años, aunque algunos arqueólogos sugieren que podría haber gobernado más tiempo. Tuvo ocho hijos y cinco hijas. Algunas de sus hijas estaban casadas con sus hermanos, probablemente bajo la creencia de preservar la pureza del linaje real. Keops, el sucesor de Seneferu, que probablemente era su hijo mayor, estaba casado con dos de sus hermanas. Los hermanos de Keops, Ankhhaf y Nefermaat I, sirvieron a su padre como visir, y Ankhhaf estaba casado con una de sus cinco hermanas. Durante su reinado, Seneferu erigió las pirámides de Dahshur, creando un nuevo estándar para la construcción de estos maravillosos monumentos que sirvieron como tumbas reales. En este punto, Egipto ya tenía un fuerte culto a la otra vida, lo que significa que los faraones, que se creía que eran una especie de deidad, invirtieron gran parte de su riqueza, poder y tiempo en planear sus lugares de entierro. Durante el reinado de Sneferu, la tierra se hizo más rica, por eso fue posible construir las tres, ya que exigían una mano de obra humana sustancial. Seneferu lo hizo posible conquistando Nubia y Libia, de donde tomó a un gran número de personas como esclavos y materias primas.

Keops sucedió a su padre alrededor de 2589 a. C., y fue el comisionado de la gran pirámide de Guiza, que se ha conservado durante miles de años y está categorizada como una de las Siete maravillas del Mundo Antiguo. El nombre del nuevo faraón también podría señalar un cambio audaz en el dominio de la deidad, ya que se dedicó a adorar al dios de la creación y el crecimiento, Khnum.

Algunos arqueólogos y egiptólogos señalan que Keops era el yerno de Seneferu y que ascendió al trono casándose con dos de las hijas de Seneferu.

Keops fue bendecido con nueve hijos y cinco hijas. Su primogénito, Kauab, se suponía que heredaba el trono; sin embargo, murió mientras el faraón estaba vivo, por lo que el sucesor de Keops se convirtió en su segundo hijo mayor: Dyedefra. En 2566 a. C., Dyedefra ascendió al trono. Se convirtió en el primer faraón en asociar su poder y el sagrado derecho a gobernar con el culto religioso de Ra. Presentó el título de «hijo de Ra», y más tarde se casó con la viuda de su hermano mayor. Dyedefra fue sucedido por su hermano menor después de su muerte. Jafra, el nuevo faraón, se casó con la viuda de su hermano, la misma esposa que Kauab. Dyedefra continuó la tradición construyendo otra pirámide, que se convertiría en su lugar de descanso. Jafra también construyó la segunda pirámide más grande de Guiza durante su reinado, junto con uno de los monumentos egipcios antiguos más famosos: la gran Esfinge de Guiza. Sin embargo, no se sabe por qué Dyedefra fue sucedido por su hermano en lugar de uno de sus muchos hijos. Jafra fue descrito como un hereje y un gobernante cruel por Herodoto 2.000 años más tarde. La misma reputación tiránica siguió a su padre, Keops, también.

Se dijo que el sucesor de Jafra, su hijo Menkaura, era completamente diferente. Herodoto escribe que Menkaura alivió el sufrimiento y el dolor que su padre impuso a sus súbditos. Su padre supuestamente había esclavizado a su propio pueblo y los había hecho trabajar por su propia prosperidad y ventaja. Menkaura gobernó durante unos veinte años, comenzando su reinado alrededor del 2520 a. C. No tenía muchos hijos en comparación con sus predecesores, ya que solo tenía tres hijos y dos hijas. Fue sucedido por su hijo menor, Shepseskaf, el sexto y último faraón de la dinastía IV.

Mientras que algunos arqueólogos sugieren que hubo otro faraón después de Shepseskaf, que habría hecho de Shepseskaf el penúltimo faraón de la dinastía, no hay suficiente evidencia para probar que el presunto faraón, Thamphthis, era un faraón de la dinastía IV. Thamphthis se registra como el siguiente en tomar el trono, pero su nombre no aparece en ninguna tumba o monumento real, por lo que no está claro quién era. Por lo tanto, sigue siendo incierto si el siguiente faraón fue Thamphthis o el hijo de Shepseskaf Userkaf, que fue el fundador de la dinastía V. Userkaf podría haber sido el sacerdote de Ra, ya que el culto de Ra se hizo más fuerte y más presente durante su gobierno. Esta elevación de Ra podría ser otra indicación de que Userkaf no estaba relacionado con el último rey de la dinastía IV. Para obtener más pruebas que podrían ayudar a testificar esta teoría, los egiptólogos y arqueólogos recurren al Papiro del Westcar, un antiguo texto egipcio que contiene historias de magia. Entre estas historias, hay una leyenda sobre la transición entre la cuarta y la dinastía V. Esta historia nos lleva a la época en que Keops gobernó el reino. A Keops se le dio una profecía que afirmaba que él y sus herederos serían derrocados por unos trillizos que nacerían de la esposa del sacerdote de Ra de Sakhbu.

A principios del siglo XXV a. C., Userkaf fue sucedido por Sahure, su hijo y heredero. El reinado de Sahure marcaría el apogeo político y cultural de la dinastía V. Durante su reinado, Egipto estableció conexiones comerciales con las ciudades costeras del Levante. Estas expediciones navales trajeron esclavos, cedros y numerosos artículos exóticos de vuelta a Egipto. Egipto estaba floreciendo y cambiando con el desarrollo de las relaciones comerciales, y la marina egipcia floreció y desarrolló también, lo que incluyó la creación de pequeños barcos de carreras y flotas diseñadas para alta mar. Después de que las expediciones de Sahure trajeran mirra, electrum y malaquita de Punt, lideró una campaña de guerra contra los caciques de Libia en el desierto occidental, que es como el ganado fue traído de vuelta a Egipto. Parecía que la edad de oro de Egipto había llegado con Sahure y la dinastía V. Su hijo y sucesor,

Neferirkare Kakai, que ascendió al trono a mediados del siglo XV a. C., también se dice que fue un gobernante benevolente, y fue sucedido por Shepseskare después de gobernar durante veinte años, pero solo durante varios meses. Se cree que Shepseskare fue un hermano menor de Neferirkare, y se desconoce si murió de una muerte prematura o fue destronado por alguna razón por su sobrino, Neferefre, que se convirtió en el faraón después de la muerte de Shepseskare. Neferefre murió repentinamente a los veinte años después de solo varios años en el trono, después de lo cual fue sucedido por su hermano menor, Nyuserre Ini, que llegó al poder alrededor de finales del siglo XXV a. C. Nyuserre Ini continuó con las expediciones mineras, y los objetos exóticos continuaron llegando a Egipto, pero se sabe muy poco sobre las campañas militares que podrían haber sido dirigidas por este faraón. Sin embargo, sigue siendo el constructor más prolífico de la quinta dinastía, ya que dejó seis pirámides al final de su reinado. El faraón fue sucedido por Menkauhor, su hijo, cuyo propio hijo, Dyedkare Isesi, tomó el trono después de la muerte de Menkauhor.

Dyedkare gobernó durante al menos tres décadas, y hay algunas pruebas sólidas de que el faraón gobernó Egipto durante cuarenta y cuatro años. Para testificar su largo reinado, las reformas religiosas, gubernamentales y políticas que pusieron el poder en las administraciones descentralizadas y provinciales se pueden rastrear durante más de cuatro décadas. Fue el octavo gobernante de la dinastía V, y durante su reinado, Egipto continuó comerciando a través de la costa levantina. El faraón también comenzó expediciones al Sinaí, que traerían turquesa y cobre a Egipto, y también tomó incienso de Punt y oro y diorita de Nubia. Dyedkare se convirtió a un culto religioso en Egipto que posiblemente duró hasta el final de la dinastía V. Dyedkare hizo cambios radicales en la forma en que el reino se regía por descentralizar el control gobernante y nombrar a funcionarios del reino como parte de la nueva administración estatal. Estas reformas pusieron más poder en manos de los funcionarios, pero algunos historiadores sostienen que estos cambios trajeron el antiguo reino a la edad oscura.

Unas, su hijo, ascendió al trono después de que su padre muriera a los cincuenta años, a mediados del siglo XIV a. C. El reinado de Unas estuvo marcado por el colapso económico. La nueva administración descentralizada del reino también continuó bajo su gobierno, que parecía agregar combustible al fuego de la dinastía V. Algunos egiptólogos creen que este tipo de administración permitió a los funcionarios ser más poderosos, lo que contribuiría al colapso general del antiguo reino de Egipto casi 200 años después con el último gobernante de la dinastía VI. A pesar de las dificultades en la economía, Egipto siguió manteniendo sus relaciones comerciales. La muerte de Unas marcó el fin de una era en Egipto, ya que el próximo gobernante, Teti, comenzaría la dinastía VI. La evidencia encontrada por los arqueólogos indica que los antiguos egipcios no hicieron una distinción entre la Dinastía V y VI como lo hacemos hoy en día.

Teti podría haber estado casada con la hija de Unas, lo que la habría convertido en una de sus tres reinas. Casarse con alguien de la realiza explicaría cómo Teti llegó a ascender al trono. Fundó lo que se podría decir como la última dinastía del antiguo reino, aunque algunos arqueólogos consideran que la VII y VIII dinastías también forman parte de la era del antiguo reino. Esto se debe a que la administración de la dinastía V continuó en estas dinastías posteriores.

Teti tuvo tres hijos, pero fue sucedido por un hombre llamado Userkare, que se cree que asesinó al faraón para llegar al trono. Userkare muy bien podría haber sido usurpador al trono, ya que su cuerpo no fue enterrado en ninguna de las tumbas reales. Otra teoría indica que Userkare pudo haber gobernado hasta que el hijo de Teti llegó a la mayoría de edad, ya que sucedió al trono después de Userkare. Esto habría convertido a Userkare en un oficial del reino en lugar de un usurpador.

Meyra Pepy, hijo de Teti, heredó el trono en 2331 a. C. y gobernó durante cincuenta años. Al final de su vida, estableció una corregencia con su hijo y heredero, Merenre I. La consolidación del poder dinástico continuó con su reinado, ya que Merenre nombró a un funcionario de la corte, Weni, como gobernador del Alto Egipto. Parece que heredó la fascinación de su predecesor por Nubia, por lo que continuó explorando esta tierra. Después de su muerte, Neferkare ganó el control de Egipto, con el poder de los gobernadores continuando. Meyra Pepy II mantuvo relaciones exteriores, como se le menciona en inscripciones escritas por los fenicios. Sin embargo, su poder y el poder del faraón como figura gobernante se estaba desintegrando lentamente debido a la gobernanza descentralizada y la administración del reino, ya que permitió el ascenso de la nobleza. Estos nobles pronto comenzaron a atacarse unos a otros debido a su ambición de tomar más territorio y volverse más ricos. El hijo de Meyra Pepy II, Merenre II Nemtyemsaf, heredó el trono a una edad muy avanzada, y solo gobernó durante un año. En ese momento, el reino estaba dividido en cuarenta y dos provincias, y cada una de estas provincias estaba controlada por un gobernador que había sido nombrado por el rey.

El poder de los faraones, que se había establecido cientos de años antes, se desmoronaba con la creciente ambición y sed de los gobernadores egipcios. Herodoto escribió sobre una leyenda egipcia que menciona a la reina Nitocris como la última gobernante de la dinastía VI. Según la historia, ella era la esposa y hermana de Merenre II, quien se dice que murió en un motín. La reina quería vengarse, así que envenenó a todos sus asesinos durante un banquete.

Sin embargo, no hay registros de que esta reina haya existido. En cambio, sí hay indicios que atestiguan que el faraón Netjerkare Siptah fue el último gobernante de la dinastía. Se considera que gobernó solo tres años antes de ser sucedido por Menkare. Fue cuando el antiguo Rrino llegó a un final violento y oscuro, introduciendo Egipto en el Primer período intermedio, también conocido como las edades oscuras. El caos político, el saqueo, la destrucción de monumentos y templos, y las guerras civiles marcaron esta época. El reino egipcio estaba ahora dividido en dos potencias principales: Heracleopolis en el Bajo Egipto y Tebas en el Alto Egipto. El reino vio la reunificación de estas dos partes una vez que Mentuhotep II ascendió al trono con la dinastía XI de Egipto, que marcó el comienzo del reino medio.

Mentuhotep II ascendió al trono en Tebas, Alto Egipto, mientras que la dinastía X gobernó el Bajo Egipto como una potencia rival. El reino medio también es conocido como el período de la reunificación, ya que Mentuhotep II envió a sus ejércitos para destruir la dinastía X y conquistar el Bajo Egipto. La conquista tuvo lugar durante el decimocuarto año de su reinado, y el principal detonante de tal acción fue la profanación del Bajo Egipto de la antigua necrópolis de Abydos, que no solo se encontraba en el Alto Egipto, sino que también era sagrada. Mentuhotep II parecía haberse dado cuenta del daño que la reforma administrativa de hace unos 200 años había traído al reino, ya que después de derrotar a la Dinastía X, decidió librar la tierra de la administración descentralizada. El reino, que estaba controlado desde Tebas, estaba completamente centralizado, lo que significa que los gobernadores fueron despojados del poder que alguna vez tuvieron. El poder fue entonces restaurado a las manos del faraón.

La dinastía XI tuvo seis faraones más después de Mentuhotep II. El último rey de la dinastía XI fue Mentuhotep IV, que gobernó desde 1998 a. C. hasta 1991 a. C. Mentuhotep IV envió expediciones a Wadi Hammamat, una explanada de un río en el desierto oriental de Egipto. Estas expediciones fueron dirigidas por su visir, Amenemhat, que los historiadores creen que se convirtió en el próximo faraón. Es totalmente posible que Amenemhat llegara al poder derrocando a Mentuhotep IV. Aun así, algunos arqueólogos creen que el gobierno de Mentuhotep IV chocó con Amenemhat I en forma de una moneda central, lo que eliminaría la usurpación como opción. Después de ascender al trono, Amenemhat I fundó la dinastía XII, la dinastía gobernante que traería la verdadera Edad Dorada a Egipto. Amenemhat también lideró un gran número de expediciones, similares a sus predecesores, además de organizar campañas militares en Nubia. Llegó al trono en tiempos de agitación e incertidumbre geopolítica, y por desgracia para él, esta incertidumbre todavía estaba presente al final de su reinado. Amenemhat fue asesinado en una conspiración que sus guardaespaldas ejecutaron, y fue un evento horrible para su hijo Sesostris, como se describe en un antiguo poema egipcio llamado *Instrucciones de Amenemhat*. El pasaje habla sobre el asesinato, escrito como si Amenemhat estuviera escribiendo sobre su propio asesinato:

> «Fue después de la cena, cuando la noche había caído, y yo había pasado una hora de felicidad. Estaba durmiendo en mi cama, habiéndome cansado, y mi corazón había comenzado a seguir el sueño. Cuando las armas de mi consejo fueron empuñadas, me había convertido en una serpiente de la necrópolis. Cuando llegué, me desperté a pelear, y descubrí que era un ataque del guardaespaldas. ¡Si hubiera tomado rápidamente un arma en mi mano, habría hecho que los desgraciados se retiraran! Pero no hay nada poderoso en la noche, ninguno que pueda luchar solo; ningún éxito vendrá sin un ayudante. Mira, mi lesión ocurrió mientras estaba sin ti, cuando el séquito aún no había oído que te entregaría, cuando aún no me había sentado contigo, para poder darte consejos; porque no lo planeé, no lo preveí, y mi corazón no había pensado en la negligencia de los siervos».

Sesostris estaba haciendo campaña en Libia en el momento del asesinato de su padre, y al enterarse de la noticia, el príncipe inmediatamente corrió de vuelta a Egipto, donde tomaría el trono.

Sesostris se convertiría en uno de los faraones más poderosos de la dinastía XII, siguiendo los pasos de su padre cuando se trataba de conquistas y política expansionista. Todavía no. Habían explorado, por lo que Sesostris envió expediciones militares allí, y también estableció las fronteras meridionales de Egipto. El propio faraón fue en una misión a un oasis en el desierto occidental y estableció relaciones diplomáticas con varios gobernantes en las ciudades de Canaán y Siria. Sesostris fue sucedido por Amenemhat II, quien se cree que es su hijo. Dos generaciones más tarde, el Reino Medio alcanzaría su apogeo con un rey guerrero llamado Sesostris III.

Sesostris III comenzó su reinado en 1878 a. C., y estuvo marcado por conquistas y campañas militares. Nubia seguía siendo el blanco de la dinastía gobernante, y el faraón hizo una serie de campañas de guerra allí, a menudo liderando las batallas él mismo. Después de terminar sus conquistas, construyó varios fuertes masivos para marcar la frontera entre el reino egipcio y las partes conquistadas de Nubia. Estos fuertes estaban custodiados con exploradores que vigilaban a los Medjay, un grupo nómada de habitantes de Nubia que vivían en estas partes, y enviaban informes de vuelta a la capital. A los Medjay no se les permitió entrar en el reino ni ir más allá de las fronteras recién establecidas; sin embargo, se permitió el comercio entre los nativos y los comerciantes egipcios. El reinado de Sesostris III también registra una campaña militar en Palestina contra Shechem, que fue la única guerra en esta región durante el Reino Medio. El faraón también reformó la autoridad de la administración del reino poniendo más poder en manos de los funcionarios, lo que podría haber repetido el escenario de muerte y caos que tuvo lugar antes del Reino Medio.

Después de Sesostris III, hubo dos generaciones más de faraones antes de que el último faraón de la dinastía XII llegara al trono. La reina Neferusobek, también conocida como Sobekneferu, es la primera mujer gobernante egipcia confirmada, aunque se cree que las mujeres ya gobernaban en la dinastía I. Era hermana de Amenemhat IV, el penúltimo gobernante de la Dinastía XII. Como su hermano no tenía herederos varones, Neferusobek ascendió al trono, reinando desde 1806 a. C. hasta 1802 a. C.

Para cuando la reina Neferusobek abandonó el trono, la Edad de Oro del Reino Medio había terminado. Los gobernantes que llegaron al poder después de Neferusobek fueron efímeros y se clasificaron engañosamente como faraones de la dinastía, XIII a pesar de que no los faraones estaban todos relacionados. Muchos de ellos eran en realidad plebeyos. El poder se dividió de nuevo, y el caos reinó, aunque no en la misma medida del período anterior al Reino Medio. Después del final de las dinastías XIII y XIV, el reino comenzó a derivar de la autoridad central, y surgieron cuatro dinastías diferentes, incluyendo una efímera dinastía local de Abydos, surgió, que separaron Egipto. Este período se conoce como el Segundo período intermedio, y fue otra edad oscura para el pueblo de Egipto antes de que el reino renaciera al Nuevo Reino.

El ascenso de la dinastía XVIII y el nuevo reino de Egipto: El Imperio egipcio

El Nuevo Reino comenzó con la dinastía XVIII en 1550 a. C. En esta época, Egipto se convertiría en un gran imperio en el antiguo Oriente Próximo y más allá. Todo el mundo civilizado conocido tendría noticias sobre Egipto y los faraones que controlaban las tierras bañadas en el río Nilo. La dinastía XVIII fue fundada por el faraón Amosis I, que era hermano del último rey de la dinastía XVII. Amosis I estaba decidido a expulsar a los gobernantes hycsos, que habían venido a Egipto desde el Levante y establecieron la dinastía XV. Amosis fue sucedido por su hijo, Amenofis I, cuyo reinado es oscuro debido a la falta de evidencia escrita.

Su hijo y sucesor, Tutmosis I, compensaría la falta de acción de su padre liderando campañas de guerra. Bajo su reinado, las fronteras del reino se expandieron más lejos que nunca. Conquistó el Levante y Nubia, entrando en los territorios de estas tierras. Mediante la construcción de la fortaleza de Tombos, el faraón amplió la presencia militar de Egipto en las regiones circundantes, que poco a poco se estaban convirtiendo en una parte del imperio. Tutmosis I fue sucedido por su hijo, Tutmosis II, en 1493 se casó con Hatshepsut, su hermana, para asegurar mejor su reinado. Tutmosis II en realidad tenía menos derecho al trono que su hermana-esposa, ya que su madre tenía un rango más bajo en comparación con la madre de Hatshepsut, que tenía sangre real y estaba más cerca del linaje dinástico. Durante su reinado, Tutmosis II se ocupó de las rebeliones en el Levante y Nubia, además de derrotar a un grupo de nómadas llamados beduinos. Sin embargo, Tutmosis II no era un hombre militarista, por lo que sus generales ganaron estas batallas en nombre de Egipto.

Hatshepsut, que se traduce como «la primera de las damas nobles», ascendió al trono en 1481 a. C. Su derecho al trono era indiscutible, ya que era la hermana, la esposa y la hija de los faraones, y tenía sangre real corriendo por sus venas. Antes de su reinado, el pueblo había destruido importantes rutas comerciales en Egipto. Por lo tanto, Hatshepsut se dedicó a reconstruir y restablecerlas, y así fue cómo se construyó la riqueza de la Dinastía XVIII. Se cree que el reinado de Hatshepsut fue pacífico, con solo unas pocas o ninguna campaña militar, ya que estaba más enfocada en expediciones que traerían prosperidad a la tierra. Todavía es recordada como la primera mujer extraordinaria que la historia.

Mientras que su madre se centró en traer prosperidad económica a Egipto, su hijastro, Tutmosis III, iba a convertirse en un conquistador. Estaba destinado a hacer un verdadero imperio fuera del reino de Egipto, y tuvo éxito en al menos diecisiete campañas de guerra registradas durante su reinado. Después de heredar el trono de su tía y madrastra en 1479 a. C., el nuevo faraón conquistó el reino de Niya; al hacer esto, amplió las fronteras de Egipto en su mayor medida hasta ahora. Desde que era el comandante final del ejército egipcio, Tutmosis III era conocido como un guerrero excepcional, y utilizó una táctica de guerra específica en sus campañas que le traía el éxito.

Su táctica era encontrar el eslabón más débil, como la ciudad menos defendida, en el reino elegido que planeaba conquistar. Fragmento por fragmento, y con paciencia y poder, el faraón derrotaría a las ciudades más pequeñas y débiles hasta que el reino enemigo no fuera capaz de defenderse.

Tutmosis III fue sucedido por su hijo, Amenofis II, que también fue su corregente en los últimos años de su reinado. Aunque Amenofis había liderado varias campañas de guerra y luchado por el dominio en la región siria con Mitanni, Amenemhat, el primogénito de Tutmosis III, debía heredar el trono. Sin embargo, después de su muerte prematura, Amenofis II fue nombrado faraón de Egipto, a pesar de que nació de una esposa de Tutmose III que ella no era de sangre real.

Luego, Tutmosis IV llegó a heredar el poder sobre Egipto, aunque se suponía que su hermano mayor se convertiría en el próximo sucesor. Aunque no hay pruebas, se presume que Tutmosis IV derrocó a su hermano y luego trató de justificar su derecho al trono al idear una historia que más tarde fue tallada en la estela de un sueño. Tutmosis IV afirmó que se quedó dormido bajo la cabeza de la esfinge, que fue enterrada en la arena. En su sueño, la esfinge le dijo que se convertiría en el próximo faraón si restauraba la belleza y la gloria de ese monumento, lo cual hizo. Aunque su derecho al trono fue considerado discutible, Tutmosis IV gobernó durante treinta y nueve años. Su hermano menor, Amenofis IV, heredó el trono a continuación, cambiando finalmente su nombre a Akenatón.

Monoteísmo en Egipto con el faraón Akenatón y la reina Nefertiti

Desde la creación de Egipto como reino, los egipcios creían en el politeísmo, principalmente adorando a Horus y Ra como los unificadores sagrados y sagrados del Alto y Bajo Egipto. Akenatón se hizo conocido como un enemigo en los archivos reales, ya que quería cambiar la religión al atónismo, una religión monoteísta. El atónismo giraba en torno al dios Atón, que representaba al sol, al igual que el dios Ra, que había sido adorado durante cientos de años. Los faraones egipcios tenían un fuerte culto religioso, ya que el pueblo creía que los gobernantes de Egipto eran en realidad semidioses empleados por Horus y Ra, entre otras deidades. Estas deidades fueron representadas como que daban vida, pero también eran percibidas como protectores de los faraones en el más allá. El alcance de las reformas religiosas de Akenatón lo perseguiría después de su muerte, ya que todas sus estatuas serían removidas y ocultadas por sucesores posteriores.

Akenatón se casó con una de las reinas más famosas de la historia de Egipto: Nefertiti. Llevaba el título de gran esposa real, lo que significaba que ella era la esposa principal del faraón. Por lo tanto, sus hijos tendrían la mayor ventaja cuando se trataba de la herencia del trono. La reina estaba al lado de su marido y fue descrita como una idealista, misteriosa y revolucionaria, pero también loca, fanática y hereje. El nombre Nefertiti se traduce como «la mujer hermosa ha llegado», y como su origen no puede ser confirmado, se sugiere que Nefertiti podría haber llegado de un reino extranjero como una belleza digna de un faraón. Algunas pruebas sugieren que Nefertiti gobernó con su marido en el duodécimo año de su reinado, lo que le otorgaría a Nefertiti un estatus que no muchas reinas tenían. Algunos arqueólogos creen que Nefertiti murió a causa de la peste, que llegó a Egipto con los prisioneros de varias campañas de guerra durante el gobierno de Akenatón, mientras que algunos sugieren que sobrevivió a su marido e influyó en los siguientes dos sucesores que llegaron al poder. Aparte de Nefertiti, que se dice que fue el amor más grande del faraón, Akenatón también se casó con una de sus hermanas, Meritatón, y su hija, Mekhetatón, al menos según evidencia escrita. Su hija probablemente murió debido al parto a una edad muy temprana, ya sea de diez o doce años.

Dado que los hititas estaban estableciendo su dominio en la región, Akenatón temía que se pusiera en peligro el equilibrio en el antiguo Oriente Próximo. Los aliados y los territorios vasallos buscaban ayuda del faraón, pero su política pacífica obstaculizaba a aquellos que necesitaban ayuda. Akenatón no era agresivo, y como tal, no se dedicó a campañas militares y batallas, a pesar de que la situación geopolítica en la región lo exigía. Las habilidades diplomacias del faraón, sin embargo, son elogiadas por algunos egiptólogos. Akenatón a menudo se centraba en los asuntos internos, ya que quería fortalecer la religión recién establecida. Encargó templos y estatuas que celebraban al dios Atón, y también trasladó la capital a Amarna, la ciudad que construyó para honrar la gloria de Atón. En este punto, Nefertiti todavía no había ascendido al trono en la corregencia con su marido (si alguna vez lo hizo en absoluto), pero la reina todavía apoyaba a la nueva deidad monoteísta.

En 1335 a. C., el trono sería sucedido por Semenejkara, quien continuó adorando a Atón. Su paternidad también es desconocida, ya que los historiadores sugieren que el padre de Semenejkara pudo haber sido Akenatón o Amenofis III. Se sabe muy poco sobre este gobernante; los arqueólogos ni siquiera pueden confirmar con certeza si Semenejkara era hombre o mujer. Desde que Akenatón introdujo nuevos puntos de vista religiosos y políticos durante su reinado, es posible que su heredero fuera una mujer gobernante. Semenejkara fue sucedido poco después por Neferneferu Atón, un nombre que se utilizó para describir Nefertiti en algunas inscripciones. Esta es evidencia que muestra que Nefertiti sobrevivió a su marido y gobernó como faraón una generación más tarde. También explicaría cómo el culto de Atón sobrevivió a dos generaciones más, ya que los reyes sucesivos regresaron al politeísmo.

El reinado de Tutankamón y el fin de Amarna

Tutankamón ascendió al trono alrededor de 1334 a. C. como el último gobernante de su familia en controlar la tierra de Egipto. Como hijo de Akenatón, Tutankamón ganó el derecho a gobernar a pesar de que su madre no era la esposa principal del faraón. En cambio, nació del matrimonio entre Akenatón y una de sus hermanas. Del mismo modo, Tutankamón se casó con su propia media hermana al heredar el trono.

Aunque su nombre honra a Atón, Tutankamón decidió reformar la religión volviendo a las antiguas deidades y recuperando monumentos y reconstruyendo templos de dioses que Egipto nunca olvidó, incluso durante el período Amarna, cuando los faraones adoraban a Atón. El nombre de nacimiento de Tutankamón se traduce como la «imagen viviente de Atón». Sin embargo, el nombre fue cambiado más tarde a «imagen viviente de Amón" para reflejar la reforma que el propio Tutankamón trajo a Egipto. Amón fue una célebre deidad del antiguo Reino de Egipto.

Tutankamón se vio obligado a usar un bastón debido a una deformidad de su pie izquierdo y necrosis ósea paralizante. Como Tutankamón tenía solo ocho o nueve años cuando se convirtió en el gobernante de Egipto, reinó bajo el. Visir Ay, que más tarde se convertiría en su sucesor. Tutankamón y su hermana-esposa tuvieron un hijo muerto y uno que murió poco después de nacer, ambos eran niñas. Esto no le dejó sucesores de sangre.

Aparte de Ay, el faraón tenía otros asesores. Horemheb fue uno de los más notables, ya que era el general de Tutankamón. El padre de Tutankamón había descuidado las relaciones con los aliados y los reinos vecinos, creando esencialmente un período de agitación económica. Tutankamón trató de resolver esto con exitosas campañas diplomáticas y de guerra, y especialmente quería restaurar la relación que Egipto tenía con Mitanni antes del reinado de Akenatón. Sin embargo, es poco probable que Tutankamón dirigiera cualquiera de las campañas de guerra por sí mismo, ya que estaba gravemente enfermo y tenía problemas de salud importantes. El rey Tut, como se le conoce a menudo hoy en día, murió a la temprana edad de diecinueve años en 1325 a. C.

Después de descubrir la tumba intacta de Tutankamón miles de años después de ser enterrado y momificado, los arqueólogos encontraron una fractura grave en su pierna izquierda, que podría haber causado su muerte en combinación con los otros problemas de salud que sufría. Un rumor de la maldición del faraón surgió después de la apertura de la tumba del rey Tut, ya que hubo varias muertes relacionadas con el movimiento de la momia de Tutankamón.

Tutankamón fue sucedido por Ay, quien solo gobernó cuatro años antes de que el trono cayera en manos de Horemheb, quien fue el último gobernante de la dinastía XVIII.

El apogeo y el fin del nuevo reino: los reyes guerreros

Horemheb no tuvo hijos, pero sí eligió a bien a quién heredaría su poder: su visir, que tomó el nombre real de Ramsés I. Ramsés fundó una nueva dinastía en Egipto, la Dinastía XIX, en 1292 a. C. El reinado de Ramsés es significativo, ya que no solo fundó una nueva dinastía, sino que también llevó al Nuevo Reino a su apogeo, que continuó después de su muerte con su hijo y nieto.

Su hijo, Seti I, ascendió al trono alrededor de 1290 a. C., con su nombre celebrando al dios Set (o Seth). El objetivo principal de Seti era reafirmar a los viejos dioses que habían sido adorados en Egipto antes de que Akenatón reformara la religión durante el período Amarna. Seti I también quería restablecer el control sobre Canaán y Siria, donde el reino hitita estaba ejerciendo una gran presión sobre la soberanía de Egipto. Seti no temía la guerra ni las batallas, así que aprovechó cualquier oportunidad que tuviera para atacar a los hititas.

Aunque no desintegró su reino, recuperó la hegemonía sobre los territorios en disputa. Seti I también trasladó la capital del reino a Menfis. Logró mucho durante su reinado, pero su gloria sería eclipsada por su hijo y sucesor, Ramsés II.

Ramsés II se hizo conocido como Ramsés el Grande, y por una buena razón. El faraón es a menudo considerado como el gobernante más poderoso y más exitoso del Nuevo Reino. En los primeros años de su reinado, Ramsés II comenzó a construir monumentos y templos, así como a reconstruir ciudades. Más tarde, dirigió campañas de guerra en Nubia, Siria, Libia y el Levante, y también restableció el control sobre Canaán. Evitó que los estragos se extendieran por el lado egipcio de la costa mediterránea derrotando a los piratas Sherden. Ramsés permitiría a los piratas atacar sus objetivos mientras colocaban a sus tropas en lugares estratégicos a lo largo de la costa. Esperaba a que los piratas pensaran que iban a salir exitosos con el botín y luego los atacarían, atrapando a los piratas por sorpresa.

En medio de todas las batallas y campañas que Ramsés II dirigió durante su reinado, el faraón firmó un tratado de paz con el reino hititas después de que el rey depuesto, Mursili III, huyera al reino de Egipto. Ramsés también encargó un enorme complejo de templos, conocido como el Ramesseum, y trasladó la capital a Tebas, probablemente porque quería estar más cerca de los territorios egipcios en Canaán y Siria. Ramsés II vivió durante noventa años, y gobernó durante un impresionante sesenta y siete años, el más largo de cualquier faraón egipcio. Sobrevivió a la mayoría de sus esposas e hijos y dejó muchas riquezas de las tierras conquistadas como su legado.

Después de la muerte de Ramsés, su decimotercer hijo, Merneptah, llegó al trono, ya que sus hijos mayores estaban muertos. El nuevo faraón era bastante viejo, gobernando a la edad de setenta años. Merneptah continuó la política de su padre, empleando al ejército egipcio para moverse contra Libia y los pueblos marinos, un misterioso grupo de gente de mar. Sin embargo, nunca pudo igualar la reputación de Ramsés II. Fue sucedido por su hijo Seti II, cuyo derecho al trono fue desafiado por Amenmesse, que supuestamente era su medio hermano. Amenmesse usurpó el control de Tebas y Nubia en el Alto Egipto durante el cuarto año del reinado de Seti. Seti II recuperó el Alto Egipto en el quinto año de su reinado, quitando todas las estatuas hechas en honor de Amenmesse. Los restos de Amenmesse fueron profanados, pero las circunstancias que rodearon su muerte siguen sin estar claras.

El hijo de Seti, Siptah, ascendió al trono después de la muerte de su padre. Después de su breve reinado, Twosret sucedió en el trono. Probablemente era la hermana de Amenmesse y la segunda esposa de Seti II. Murió en 1189 a. C., y con ella, el Nuevo Reino y la Dinastía XIX murieron también. El reino entró una vez más en un período de agitación e incertidumbre. Este período fue conocido como el Tercer período intermedio, y oficialmente duró desde 1133 a. C. hasta 717 a. C., que fue cuando Egipto entró en una nueva era conocida como el Período Tardío. Durante el Tercer período intermedio, los colonos libios se apoderaron del delta del Nilo alrededor del 1000 a. C., y su autonomía se hizo más fuerte. El rey Piye y los kushites también tomaron Tebas alrededor del 791 a. C. Egipto comenzó su recuperación con la dinastía XXV, que supervisó tanto el reino de Kush como Egipto. Bajo el faraón Taharqo, el imperio se hizo tan grande como el del Nuevo Reino. Otros faraones de la dinastía XXV trabajaron en la restauración de edificios, monumentos y ciudades a través del valle del Nilo. Sin embargo, cerca del final de este período, el prestigio y las riquezas de Egipto comenzaron a declinar, ya que los vecinos extranjeros habían caído bajo la influencia de los asirios, que se preparaban para invadir Egipto. La guerra entre los asirios y los egipcios comenzó alrededor del 700 a. C. durante los reinados de Taharqo y su sucesor, Tantamani. Los asirios empujaron a los kushitas de vuelta a Nubia, y aunque Egipto ganó varias batallas contra las fuerzas asirias, los asirios ocuparon Memphis y saquearon a Tebas.

El período tardío estuvo marcado con el surgimiento de una nueva dinastía, la de la dinastía, XXVI también conocida como el período de Saite. La dinastía fue formada en realidad por vasallos asirios, que habían ganado el control en Egipto gracias a los propios asirios. Los reyes Saados recurrieron a mercenarios griegos que tenían fuerzas navales, ya que deseaban deshacerse de los asirios. La influencia griega se hizo evidente en Egipto con este giro de los acontecimientos, y la capital se trasladó a la nueva ciudad de Sais. Egipto disfrutó una vez más de una próspera economía y cultura, pero fue solo por un breve período de tiempo, ya que los persas llegaron en 589 a. C., listos para atacar y conquistar la tierra de los faraones. Egipto no recuperaría su independencia hasta el 466 a. C., después de unir fuerzas con Fenicia y Chipre. La dinastía XXX de Egipto sería la última dinastía con faraones nativos, ya que los persas establecerían una nueva dinastía con ellos mismos a cargo. Mazaces, el último gobernante de la dinastía persa en Egipto, entregaría Egipto a Alejandro Magno sin pelear en el 332 a. C.

Con Alejandro Magno, comenzó un período de gobierno helenístico en Egipto, conocido por la historia como la dinastía ptolemaica. Alejandro Magno fue observado como un salvador a los ojos de los egipcios nativos, y se aseguró de honrar las tradiciones y la cultura egipcia después de su conquista sin esfuerzo. Este período duraría 300 años antes de la llegada del Imperio Romano.

Cultura, gobierno y militares de Egipto

En el mundo antiguo, el gobierno de Egipto se basaba en la monarquía teocrática. Esto significa que los faraones egipcios eran nombrados por los dioses y eran intermediarios entre los dioses y el pueblo. El gobierno central se estableció oficialmente con el faraón Narmer y su unificación del Alto y Bajo Egipto alrededor del 3150 a. C. Sin embargo, los historiadores sugieren que había una forma de gobierno en Egipto incluso antes de esta unificación. Fuentes del período predinástico también señalan la existencia de monarcas, aunque no se sabe cómo operaban.

La forma en que se organizó el gobierno egipcio a menudo cambió a través de los siglos. Desde el 3150 a. C. hasta el 2890 a. C., la autoridad central perteneció al faraón, mientras que el segundo al mando fue el visir. Una nota interesante sobre los faraones es que el término no se utilizó hasta el Nuevo Reino, aunque hoy nos referimos a todos los reyes dinásticos egipcios como faraones. También había otros funcionarios importantes del gobierno, como escribas, recaudadores de impuestos y gobernadores regionales, y cada ciudad tenía su propio alcalde. Los sacerdotes administraban templos, que eran encargados por faraones en honor a los dioses. Desde el 1782 a. C., Egipto también tendría una fuerza policial como parte del gobierno.

La economía de Egipto se basaba en la agricultura. Los campesinos de clase baja cultivaban las tierras que pertenecían a los terratenientes. Algunos de los cultivos y productos fueron mantenidos por los campesinos, mientras que una mayor porción fue dada a los terratenientes. Los terratenientes darían algunos de los productos al gobierno, que el rey utilizaría con fines comerciales. El rey controlaría personalmente la riqueza del reino, viajando a través de los distritos para evaluar sus riquezas en lugar de creer a los gobernadores regionales. De esa manera, los faraones también demostraron su presencia y poder al pueblo. Los recaudadores de impuestos inspeccionaban cada provincia y distrito después del rey y tomaban una cierta cantidad de bienes, que se daban al gobierno central. Al final del Antiguo Reino, este tipo de gobierno se estaba desmoronando lentamente, ya que los gobernadores provinciales habían recibido mayor autoridad con la descentralización del gobierno. Y a medida que se hacían más ricos, les importaba menos la autoridad del faraón. Este cambio podría haber llevado al colapso del Antiguo Reino en combinación con otras circunstancias malévolas.

Egipto comenzó a utilizar unidades militares oficiales en el Antiguo Reino alrededor del 2686 a. C.; sin embargo, no se estableció una jerarquía militar hasta el Reino Medio alrededor del 2055 a. C. Para cuando el Nuevo Reino se formó alrededor de 1550 a. C., el ejército egipcio se dividió en tres ramas: la infantería, la carrocería y las fuerzas navales. El ejército se dividió en dos partes, ubicadas en el norte y el sur, y estos ejércitos se dividirían en cuatro. Los cuatro ejércitos llevarían el nombre de los dioses Ptah, Seth, Ra y Amón. Los mercenarios también se utilizaban en tiempos de guerra con el ejército egipcio nativo. Los capitanes suelen ser príncipes de menor rango de casas nobles o funcionarios altamente educados con fuertes antecedentes políticos o educativos que fueron elegidos por comandantes del ejército. Los ejércitos egipcios también usaron armas de proyectiles en combate, como jabalinas, lanzas y palos de lanzamiento.

La administración ni siquiera habría existido si no fuera por alfabetización. La lengua egipcia era una lengua afro-asiática, y se hablaba dentro de los territorios del antiguo reino egipcio. La etapa más temprana del idioma fue atestiguada en el 3300 a. C., en un momento en que los jeroglíficos no estaban completamente desarrollados. Los textos más extensos datan del Antiguo Reino, y fueron escritos en las paredes de pirámides, tumbas y templos de todo Egipto. Aparte de escribir en paredes y tablillas de arcilla, los egipcios usaron el papiro, una forma de papel grueso que data del Antiguo Reino. Los papiros eran perecederos, por lo que se cree que muchos textos egipcios se perdieron.

Capítulo 8 – Los Reinos Medios y Nuevos de los hititas: La Edad Oscura y la gloria del Imperio hitita

El antiguo reino hitita terminó a mediados del siglo XV a. C. con el reinado de Tahurwaili. El fin del Antiguo Reino introdujo una nueva era conocida como el Reino Medio, que corresponde a la Edad Oscura del Reino hitita. Este período fue breve y es oscuro, ya que sobrevivieron muchos registros del Reino Medio, ya que los hititas fueron constantemente debilitados por los ataques. El reino sufrió principalmente embestidas de los kaska, que llegaron desde las costas del mar Negro.

Telepinu fue el último gobernante del Antiguo Reino, y fue sucedido por Tahurwaili. Esto sucedió a mediados del siglo XV, pero la fecha exacta no se conoce. Tahurwaili era el primo hermano de Telepinu, lo que lo convirtió en el sucesor directo del trono, ya que Telepinu no tuvo hijos que pudieran heredar su posición. Telepinu había exiliado previamente a Alluwamna, su yerno; sin embargo, Alluwamna regresó después de su muerte para tomar el trono. No se sabe si gobernó antes de Tahurwaili o después, pero se cree que gobernó muy brevemente.

El siguiente rey del Reino Medio fue Hantili II. Era hijo de Harapseki, la hija de Telepinu, y el rey Alluwamna. Al igual que con otros reyes en el Reino Medio, poco se sabe sobre el reinado de Hantili, incluso cuando sucedió al trono. Hantili II fue sucedido por Zidanta II, que probablemente era su sobrino. Zidanta II ascendió al trono en 1450 a. C. y probablemente gobernó hasta 1440 a. C. Huzziya II siguió; sin embargo, no se conoce la relación entre los dos reyes, la fecha en la que asume al trono, y la duración de su reinado. Lo que se sabe es que Huzziya II fue asesinado por su propio guardaespaldas real, Muwatalli. Muwatalli incluso pude haber sido el hermano de Huzziya, lo que podría haber facilitado su derecho al trono.

El reinado de Muwatalli I también fue interrumpido violentamente, ya que fue asesinado por Kantuzili, que era el supervisor de los carros de guerra, y Himuili, el jefe de los sirvientes reales. Muwa, que era el jefe del guardaespaldas real y probablemente el hermano de Muwatalli, huyó del reino y pidió ayuda a los hurrianos, posiblemente para llegar al trono. Mientras tanto, uno de los asesinos del rey, Kantuzili, unió fuerzas con Tudhaliya. Los hurrianos acordaron ayudar a Muwa, aunque los términos del acuerdo siguen siendo desconocidos. Muwa y los hurrianos se enfrentaron con Kantuzili y Tudhaliya. Este último ganó, y los hurrianos se retiraron. Así es como Tudhaliya llegó al trono alrededor de 1430 a. C. Tudhaliya podría haber sido nieto de Huzziya II, un gobernante del Reino Medio, convirtiéndolo en el sucesor directo de Muwattalli I. Sin embargo, al igual que con muchos otros gobernantes, no se sabe con certeza cómo Tudhaliya se relacionó con el rey.

Esta victoria ayudó a Tudhaliya a reconfigurar la alianza con Siria y también llevó al rey Yamhad a cambiar de bando y proporcionar apoyo a Tudhaliya. Tal cambio político no duró mucho, ya que Halab (la capital de Yamhad) fue conquistado una vez más por los hurrianos. Eso no impidió que Tudhaliya expandiera las fronteras de su reino a las partes orientales de Anatolia. Hizo de Zippasla un territorio vasallo de los hititas y conquistó Assuwa, que era una confederación de veintidós ciudades-Estado de Anatolia creada en algún momento antes de 1400 a. C. Algunos historiadores consideran que Tudhaliya I es el primer rey del Nuevo Reino. Sin embargo, otros eruditos piensan que este honor pertenece al rey Suppiluliuma I, quien será mencionado más adelante en el capítulo. Es más probable que Tudhaliya I fuera el primer rey del Nuevo Reino, ya que el reino hitita se recuperó lentamente del período conocido como las edades oscuras.

El legado de Tudhaliya I: El Nuevo Reino y el ascenso del Imperio hitita

Uno de los legados más importantes que los reyes de la Edad Oscura dejaron a sus sucesores fue su capacidad para hacer tratados y alianzas con las tierras vecinas. Los asentamientos hititas se estaban formando lentamente en un imperio, razón por la cual el Nuevo Reino también es conocido como el período del Imperio hitita. Los hititas comenzaron a hacer asentamientos en el sur de Anatolia, haciendo tratados para establecer su presencia y expandir su creciente imperio. El rey comenzó a ser llamado por los ciudadanos como «mi Sol», ya que la realeza estaba ganando fuerza.

Tudhaliya I fue sucedido por su yerno, Arnuwanda I. Arnuwanda gobernó en la coregencia con Tudhaliya a principios del siglo XIV a. C. Arnuwanda I tuvo dos hijos, Asmi-Sarruma y Tudhaliya, que se convirtió en el siguiente rey en el 1422 a. C. Tudhaliya II no se parecía en nada a Tudhaliya I, ya que no tuvo mucho éxito en mantener intacto el imperio. Durante su reinado, perdió una parte de los territorios conquistados en Anatolia, y la capital del reino hititas se quemó. Fue sucedido por Tudhaliya III, quien tal vez ni siquiera gobernó, ya que no hay fechas o registros que acrediten su reinado. El supuesto rey Tudhaliya III fue asesinado por un grupo de oficiales en una conspiración. Su sucesor, Suppiluliuma, que probablemente era su hermano, estuvo involucrado en el asesinato. Suppiluliuma I ascendió al trono en el 1408 a. C. y gobernó hasta el 1386 a. C. Como se mencionó anteriormente, algunos historiadores creen que el Nuevo Reino comenzó con Suppiluliuma I. Esto se debe a que Suppiluliuma resultó ser un rey guerrero y un estadista exitoso, que incluso se atrevió a desafiar al Imperio egipcio. Antes de convertirse en el rey, Suppiluliuma I era el general del ejército y el principal asesor de Tudhaliya II. Suppiluliuma sabía la importancia de las relaciones diplomáticas, por lo que se casó con una hermana del rey Hayasan y se casó con su propia hija con Maskhuiluwa, el gobernante del estado Arzawan de Mira. El rey también se casó con una princesa babilónica. Suppiluliuma reconquistó algunos de los territorios de Arzawan y derrotó al reino de Mitanni, que se redujo a una pequeña ciudad-Estado.

Aunque su victoria sobre el reino de Mitanni testificó su gloria militar, Suppiluliuma I dejo huella aprovechando la situación en Egipto durante el período de Amarna y el reinado del faraón Akenatón. El gobierno de Akenatón trajo serias reformas religiosas y turbulencias a Egipto, y Suppiluliuma aprovechó esto conquistando el territorio egipcio en Siria. Esta conquista hizo que muchos de los vasallos egipcios se rebelaran. Aunque Suppiluliuma fue victorioso en la guerra, no descuidó la necesidad de diplomacia y alianzas. Decidió enviar una carta a la viuda de Tutankamón, pidiéndole que se casara con uno de sus hijos, que entonces gobernaría con ella como el faraón egipcio. Dakhamunzu, viuda del rey Tut, accedió a esta proposición, así que Suppiluliuma envió al príncipe Zannanza a Egipto. Desafortunadamente, Zannanza nunca llegó a Egipto. Murió en su camino hacia allí, por lo que Suppiluliuma asumió que el faraón Ay, que había tomado el trono de Egipto mientras tanto, tuvo algo que ver con la muerte de su hijo. Ese fue el principal motivo detrás de la guerra entre los hititas y los egipcios. Enojado porque no era capaz de asegurar el trono egipcio o obtener el cierre de la muerte de su hijo, Suppiluliuma desató su ejército en los estados vasallos de Egipto en el norte de Siria y Canaán. El rey victorioso Suppiluliuma trajo a muchos prisioneros egipcios a su reino.

Lo que Suppiluliuma no sabía era que los prisioneros que se llevó a casa serían su muerte. Los prisioneros estaban infectados con la plaga, que asoló el reino hitita, matando a Suppiluliuma y a su sucesor, Arnuwanda II. Llegó al trono después de la muerte de su padre en 1386 a. C., pero murió solo un año después. Fue sucedido por Mursili II, su hermano, que era el siguiente en la línea de heredar el trono. Mursili II fue rey de los hititas hasta 1359 a. C.

Los hititas tenían muchos enemigos. Durante este período, los más notables fueron el reino de Arzawan y el Kaska. Según los anales de Mursili, sus enemigos lo consideraban un niño y un rey inexperto, que solo llegó al trono debido a la repentina muerte de su hermano. Sin embargo, a pesar del desprecio de sus enemigos, Mursili II resultó ser un estadista adecuado, ya que fue capaz de asegurar el territorio de su reino. Detuvo con éxito la invasión de los Kaska, todo mientras aseguraba las fronteras septentrionales del reino. El rey Arzawan, Uhhaziti, amenazó a los hititas del oeste, e intentó conquistar a algunos de los aliados hititas, pero Mursili logró poner estos esfuerzos. Aunque probablemente no estaba preparado para el trono, Mursili II fue un gobernante exitoso. Fue sucedido por su hijo, Muwatalli II, después de su muerte en 1359 a. C.

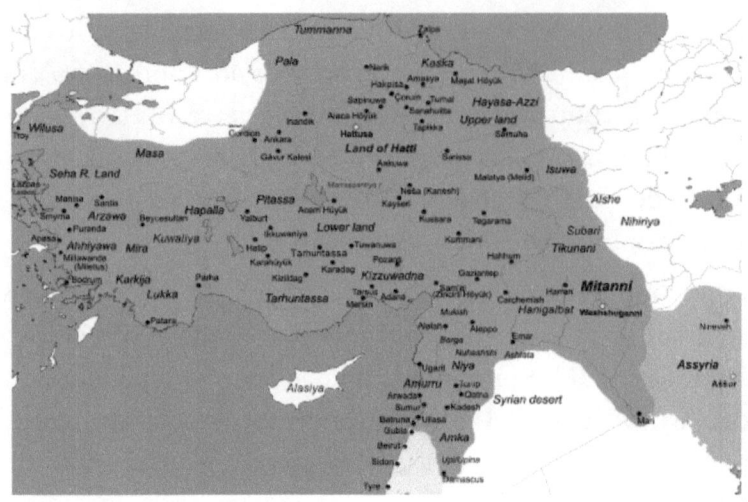

El Imperio hitita en su mayor esplendor bajo el reinado de Suppiluliuma I (https://images.app.goo.gl/8kvuf3AtBg5abjSv6)

Muwatalli II cambió la capital de Hattusa a Tarhuntassa, cuya ubicación exacta sigue siendo desconocida. Los estudiosos creen que el rey movió la capital más al sur porque Hattusa fue bordeada por los kaska. Muwatalli II es más conocido por su papel en la batalla de Kadesh, que tuvo lugar en algún momento alrededor del 1338 a. C. Se luchó contra Egipto, que fue gobernado por Ramsés II, que estaba tratando de recuperar el territorio que los hititas habían tomado. Muwatalli II envió por primera vez a sus exploradores para encontrar la ubicación exacta de las tropas egipcias, ya que sabía que se acercaban a las tierras hititas. Los exploradores encontraron a los egipcios cuando se acercaban a Kadesh, y fingieron ser desertores del ejército hititas. Los exploradores dijeron a los hombres de Ramsés que las tropas de Muwatalli estaban lejos en Alepo, que estaba a cientos de kilómetros de Kadesh. Poco después, varios otros exploradores hititas fueron capturados, y Ramsés II entonces se dio cuenta de lo que estaba pasando. Muwatalli no estaba cerca de Alepo; estaba justo fuera de Kadesh con sus tropas, listo para atacar. Muwatalli no perdió el tiempo atacando a las tropas egipcias fuera de Kadesh. Ramsés II tenía solo una de sus dos divisiones, ya que la segunda aún no había llegado. Muwatalli se aprovechó de esto.

Mientras atacaba directamente la primera división, también envió carros para atacar el campamento de Ramsés. Ramsés logró defenderse del ataque, que vio como una victoria, proclamando que ganó la batalla al día siguiente. Sin embargo, los registros de Muwatalli muestran que también se proclamó la victoria sobre Ramsés y los egipcios. Aunque ambos bandos reclamaron la victoria, los historiadores creen que ambos sufrieron grandes pérdidas y que la batalla condujo a una reducción del poder militar.

En 1336 a. C., Muwatalli II murió, y fue sucedido por su hijo mayor sobreviviente, Mursili III, que gobernaría hasta el 1329 a. C. Mursili III decidió trasladar la capital de vuelta a Hattusa. Después de este movimiento, Mursili perdió Hanigalbat en el norte de Siria ante los asirios, lo que en consecuencia debilitó su legitimidad como gobernante. En el séptimo año de su reinado, Mursili III se dio cuenta de que su tío Hattusili era una amenaza para su reinado, ya que era un hombre poderoso con una conexión con el trono. Para hacer frente a este problema, Mursili atacó las fortalezas de su tío en Nerik y Hakpissa, que eran parte de las fronteras del reino. Hattusili escribió sobre la forma en la que se vio afectado por el ataque de su sobrino, afirmando que después de servir la corona durante siete años, ya no se sometería al rey. Según Hattusili, si Mursili nunca le hubiera quitado su fortaleza en Hakpissa, Hattusili nunca habría iniciado una guerra para desafiar el trono. Parece que Mursili creó un escenario para su propia muerte al temer el poder de su tío. Hattusili reunió una fuerza militar suficiente para sacar a su sobrino del trono. Fue conocido en todo el reino por su participación en la batalla de Kadesh, y reclutó aliados de las fortalezas que habían sido tomadas por su sobrino. Las fuerzas de Hattusili incluso incluían a los kaska, que eran enemigos de los hititas. Gracias a su experiencia en la estrategia militar y sus fuerzas aliadas, Hattusili fue capaz de apoderarse del trono de su sobrino. Mursili no fue asesinado, y huyó a Egipto, otro enemigo de los hititas, para intentar convencer a Ramsés II para que le ayudara a recuperar su trono. El recién coronado Hattusili III escribió al faraón, pidiéndole que extraditara a su sobrino. Las dos fuerzas estaban una vez más cerca de comenzar otra guerra, pero afortunadamente, se estableció un tratado entre Egipto y el reino hititas. El tratado también contenía una cláusula de extradición, después de la cual se perdieron todos los rastros de Mursili III. Algunas pruebas sugieren que Mursili fue desterrado por Hattusili III a la tierra de Nuhasse, donde se le dieron ciudades fortificadas en el borde del imperio para vigilar.

Hattusili III, el rey de Guerra, y la desaparición del Imperio hitita

Cuando Hattusili III usurpó el trono, impulsado por la ira y la decepción en su sobrino, inmediatamente se enfrentó a problemas relacionados con el dominio del reino sobre las tierras vasallas en el oeste. Los vasallos juraron al rey hitita atacar a cualquier usurpador, que era Hattusili III. Por lo tanto, los vasallos se encontraron en una situación incierta. Cada estado vasallo podría atacar técnicamente a Hattusili bajo la excusa de atacar al usurpador y defender los intereses del reino hitita. Ahhiyawa, en el oeste de Anatolia, podría haber sido la mayor amenaza, ya que rivalizaba con los hititas. Este estado vasallo se había puesto del lado del rey Mursili III, pero en realidad no le ayudaron en la guerra civil contra Hattusili III. Ahhiyawa estaba tomando lentamente el control de algunos de los aliados hititas, que incluían las tierras de Lukka en el extremo sur de Anatolia.

Hattusili III sabía que ascendía al trono de una manera poco común. Aunque el asesinato fue una forma bastante común de heredar el trono en el Imperio hitita, Hattusili III fue el primer rey en usar un ejército para ganar poder. Hattusili quería justificar su legado y escribió su versión de la historia en lo que se conoce como *La disculpa*. El rey explica cómo Mursili lo hizo mal, lo que lo hizo rebelarse contra él. Subraya que nadie resultó herido y que su motivo era unificar el reino.

Hattusili decidió actualizar el palacio de Buyukkale reconstruyendo completamente la plataforma de la ciudadela, creando tres puertas en el pico sur del palacio. A pesar de afirmar su derecho al trono, Hattusili III pronto se enfrentó a una gran amenaza proveniente del oeste: los reyes vasallos. Los guerreros Lukka decidieron aprovechar el juramento que habían hecho a Mursili para atacar el reino hititas. Los guerreros Lukka llegaron a la Tierra del Río Hulaya (una zona desconocida en el oeste de Anatolia), donde otro distrito del reino, centrado en la ciudad de Hawaliya, se rebeló contra los usurpadores hititas. Otras ciudades, cuyos nombres no están bien conservados, también se rebelaron en la parte occidental del reino, desafiando el potencial de Hattusili para preservar las fronteras del reino. Hattusili no pudo controlar estas incursiones, lo que llevó a más ataques de otros enemigos. La ciudad de Millawanda, con Piyama-radu en la cabeza, invadió las tierras hititas. Hattusili III envió un mensajero a Piyama-radu, interrogando sus acciones e instándolo a detenerse. Parece que el mensaje de Hattusili no tuvo un impacto particularmente fuerte en Piyama-radu. En cambio, mostró debilidad. Si Hattusili no pudiera manejar la primera oleada de ataques de los vasallos, entonces no haría falta mucho para romperlo. Piyama-radu pasó a conquistar toda la tierra del río Hulaya y una parte de la Tierra Baja (hoy Turquía). Incluso llegó a la tierra de Nahita, situada en el este del reino. Hattusili necesitaba actuar y recuperar el control sobre estos territorios. Hizo un buen comienzo recuperando las tierras del río Hulaya y una gran parte de la Tierra Baja, a pesar de que parece que no restableció su control en los territorios costeros. Hattusili necesitaba encontrar una manera de recuperar el control sobre los reinos vasallos, por lo que decidió hacer convertir en someter Tarhuntassa, donde la capital había estado bajo Muwatalli II. Hattusili creó un nuevo reino allí y colocó a su sobrino, Ulmi-Tessup, el hijo de Muwatalli II, como el rey. El nuevo rey de Tarhuntassa fue alentado a reclamar los territorios perdidos con sus propios recursos, como se especifica en un tratado creado entre Ulmi-Tessup y Hattusili. Se esperaba de Ulmi-Tessup para expandir su dominio a las fronteras sur y suroeste del reino, y no falló esta tarea. Al final del reinado de Hattusili, el territorio de Tarhuntassa se expandiría al río Kastaraya (río Asku) en el oeste y el mar Mediterráneo en el sur.

A medida que crecía la fuerza imperial del reino de Hattusili, podía centrarse en construir y mantener relaciones con los reinos vecinos. Uno de los tratados más importantes hechos por Hattusili III fue con el faraón egipcio Ramsés II. Esto se conocía como el tratado Eterno o como el tratado de Kadesh. Aunque el tratado de Kadesh es uno de sus nombres, este tratado fue firmado quince años después de la batalla. Las relaciones entre Ramsés y Hattusili eran bastante estrechas, ya que el faraón y el rey intercambiaban correspondencia con frecuencia. De hecho, la idea de que Ramsés se casara con la hija de Hattusili surgió de esta correspondencia. Hattusili prometió dar una gran dote ("mayor que la dote de una princesa babilónica"), diciendo al faraón que su hija llevaría sirvientes, ganado, caballos y ovejas a la tierra de Aya, que era la frontera del reino hitita. Sin embargo, la hija de Hattusili retrasó el viaje, ya que Hattusili tenía problemas para recoger todo para la dote. La hija de Hattusili finalmente llegó a Egipto alrededor del trigésimo cuarto año del reinado de Ramsés, pero todavía se casó con el faraón. Poco después, Hattusili se casó con otra hija con el anciano faraón. Las relaciones diplomáticas continuaron, e Egipto incluso envió grano al reino hititas para resolver el problema de la hambruna. Estas relaciones amistosas continuaron incluso durante el reinado del sucesor de Hattusili, su hijo menor, Tudhaliya IV, que llegó al trono en 1301 a. C. Hattusili y Tudhaliya gobernaron juntos en un núcleo durante los primeros años del reinado de Tudhaliya.

En 1273 a. C., Tudhaliya murió, y el trono fue sucedido por su hijo, Arnuwanda III. Arnuwanda solo gobernó durante dos años y fue sucedido por su hermano, Suppiluliuma II. Fue el último rey de la era del Nuevo Reino. Suppiluliuma II gobernó desde el 1271 a. C. hasta 1242 a. C. Un año antes de convertirse en rey, en 1272 a. C.,

Suppiluliuma comandó una flota contra los chipriotas, que venían de Chipre. Esta es la primera batalla naval registrada en la historia. Durante el reinado de Suppiluliuma, los Pueblos del Mar invadieron el reino hitita, primero tomando Chipre y Cilicia, luego cortando las rutas comerciales hititas. La capital de Hattusa fue quemada, lo que marcó el final del reinado de Suppiluliuma y el fin del Imperio hitita. Algunos afirman que el rey «desapareció», mientras que otros creen que fue asesinado en el caos. Lo más probable es que el Kaska se mudó para apoderarse de la región.

Cultura, militares y gobierno del reino hitita

Según los eruditos, los hititas podrían haber tenido la primera monarquía constitucional cuando pasaron al Nuevo Reino. En el Antiguo Reino, los reyes tenían demasiado poder y gobernaban como monarcas absolutos. El rey era la única entidad en el reino que tenía el derecho de tomar decisiones y gobernar a su anta demás. En el Nuevo Reino, el poder del rey podría verse limitado hasta cierto punto, ya que los *pankus* (una asamblea general) se encargarían de los asuntos legales del reino y también se utilizarían para otras decisiones, como ayudar al rey a escoger a su sucesor. Los hititas no establecieron una línea clara de sucesión, en la que el hijo menor podría heredar el trono incluso si el hijo mayor estaba vivo y capaz de tener éxito. Tal vez por eso los asesinatos eran tan comunes. Los *pankus* también tenían deberes judiciales. La ley de los hititas estaba bien establecida, e incluso reconocía la diferencia entre las violaciones accidentales e intencionales de la ley.

La cultura hitita fue muy influenciada por los reinos vecinos a lo largo de su historia, como los egipcios, los acadios y los hititas, por lo que su ropa y arte a menudo se parecían a estas civilizaciones. El idioma de los hititas pertenecía a la familia de las lenguas indoeuropeas de Anatolia, y utilizaban jeroglíficos cuneiformes hititas y luwianos para escribir.

El Imperio hitita nunca habría tomado la verdadera forma de una fuerza imperialista si no fuera por armas y guerra. En la batalla de Kadesh, el rey Muwatalli II lideró un ejército que contaba con entre 17.000 y 20.000 hombres. El hecho de que Muwatalli lograra reunir una fuerza tan grande está respaldado por la capacidad del rey para utilizar y emplear la mano de obra proporcionada por los reinos vasallos y las ciudades-Estado. El ejército tenía arqueros, infantería y carros. La infantería hittita utilizaba lanzas, hachas y espadas de hoz de longitud media, y estaban equipados con armadura a escala, cascos y botas de cuero. La parte más notable de su equipo fue el escudo, que fue diseñado en forma del número ocho. La cintura delgada del escudo lo hizo lo suficientemente ligero como para llevar mientras que todavía ofrecía una protección sólida. El carro de combate en el ejército hititas fue la unidad de toma de decisiones, ya que esta unidad fue la primera en atacar.

Capítulo 9 –Más allá de las guerras y tronos: La vida cotidiana de la gente común en el antiguo Oriente Próximo

La historia del antiguo Oriente Próximo va más allá de las guerras para la sucesión y las batallas por el territorio. Para obtener realmente una visión del antiguo Oriente Próximo, uno debe preguntar sobre la vida cotidiana de la gente común. Diferentes civilizaciones tenían distintas formas de vida y hábitos, y estas civilizaciones a menudo chocaban o se asimilaban entre sí hasta cierto punto.

La vida cotidiana en Mesopotamia

No había muchas clases sociales distintas en la antigua Mesopotamia. Estaban los ricos y los pobres. Las clases oficiales fueron la realeza, la nobleza, los sacerdotes y las sacerdotisas, la clase alta, la clase baja y los esclavos. Un pobre mesopotámico comenzaría su día con las mujeres de la casa preparando el desayuno, que podría ser sopa, gachas o pan con cerveza. En los hogares de los ricos y ricos, los sirvientes preparaban el desayuno, que podía haber contenido frutas y frutos secos junto con alimentos básicos como cerveza, pan, cebolla y gachas hechas de diferentes tipos de granos, como la cebada y el trigo. Por lo general había dos comidas, una por la mañana antes del trabajo y otra por la noche después del trabajo. A veces, los mesopotámicos traían pan y cerveza como aperitivo para trabajar para reponerse durante el día. En ocasiones especiales, cocinaban carne, principalmente cordero.

La mayoría de las mujeres cuidaban de sus familias y se quedaban en casa; sin embargo, algunas mujeres trabajaban como panaderas, alfareras, cuidadoras de tabernas y tejedoras. Los hombres trabajaron en una variedad de ocupaciones, incluyendo la agricultura, el trabajo de construcción, la fabricación de joyas, la orfebrería y la carpintería. Los hombres también podían ser músicos, dueños de tabernas, metalúrgicos, artistas, fabricantes de cestas y fabricantes de ladrillos. Tanto las mujeres como los hombres también podían prostituirse. Curiosamente, las mujeres fueron los primeros médicos y dentistas, así como los primeros cuidadores de tabernas y cerveceros en la antigua Mesopotamia. Sin embargo, estas profesiones pronto fueron dominadas por hombres, ya que resultaron ser ocupaciones lucrativas.

La vida cotidiana de los mesopotámicos estaba muy influenciada por la religión. Ofrecían sacrificios a los dioses antes y después de erigir edificios y templos, así como diariamente y antes de las comidas.

Las casas se construyeron generalmente a partir de ladrillos de barro. Los ciudadanos pobres vivían en edificios con varias plantas, por lo general en calles estrechas lejos del centro de la ciudad, y sin ventanas. Solían dormir en sus tejados durante los días calurosos, ya que no había otra manera de enfriarse de las altas temperaturas. Las personas ricas vivían más cerca del palacio en el centro de la ciudad y por lo general en casas con jardines. Tenían sirvientes y ventanas para más luz y aire fresco. También usaban lámparas de aceite de sésamo, mientras que los pobres se iban a la cama cuando oscurecía para ahorrar en aceite o debido a la falta de lámparas. Curiosamente, a pesar de que había clases sociales estrictamente definidas, la clase baja podía ganarse la vida y convertirse en ciudadanos de clase alta.

Los esclavos podían comprar su libertad y no solo se usaban para el trabajo manual. También podían ser tutores, contadores o joyeros. Incluso podían administrar las propiedades de los ricos. Una persona podía convertirse en esclava si fuera secuestrada, vendida para pagar la deuda de su familia o su propia deuda, o como castigo por un crimen.

La vida cotidiana en el antiguo Egipto

En el antiguo Egipto, los esclavos, sirvientes y agricultores que trabajaban en las fincas del rey y la nobleza estaban al final de la pirámide de clase social. El estatus de clase media pertenecía a soldados, constructores que trabajaban en templos y edificios reales, artistas y marineros. Por encima de esta clase estaban los escribas, contables y médicos, que gozaban de un gran respeto en Egipto. Eran seguidos por la clase alta: la nobleza. En la parte superior de la pirámide social estaba la familia real, que se consideraba inmortal y en contacto directo con los dioses.

La magia era una gran parte de la vida cotidiana en el antiguo Egipto, ya que se creía que los dioses actuaban a través de una fuerza divina, algo mágica. Los egipcios creían en el equilibrio, razón por la cual se animó a todos a vivir en paz, ya que traería prosperidad. Los egipcios disfrutaron de festivales y festividades, y pasar tiempo con la familia y amigos era muy importante para ellos. También disfrutaban de deportes, lectura y juegos.

Rico o pobre, un egipcio se consideraría incompleto si permaneciera soltero. Se aconsejó a los niños que se casaran a una edad temprana y tuvieran tantos hijos como fuera posible. Los hijos generalmente heredaban las profesiones de sus padres, y pasaban mucho tiempo juntos para que el hijo estuviera bien preparado cuando entrara en el mundo laboral. Cocinar, limpiar y cuidar a los niños eran muy apreciados habilidades de las cuales las mujeres estaban a cargo. El arte egipcio representa a las mujeres como cuidadoras pálidas que se quedan en casa para proveer para el hogar y los niños, mientras que los hombres están pintados con la piel más oscura, lo que indica que habrían pasado más tiempo fuera de trabajar. Las mujeres tenían los mismos derechos que los hombres y se les permitía poseer la propiedad por sí mismas y sin un tutor legal masculino.

Los antiguos egipcios vivían principalmente en prosperidad independientemente de su clase social, aunque los esclavos vivían en condiciones más modestas y tenían derechos restringidos. Esta fue probablemente la razón por la que los egipcios creían que la vida después de la muerte era una continuación de la vida en la tierra. Los antiguos egipcios vivían en una tierra fértil, por lo que tenían comida y agua en abundancia. Una familia común disfrutaría de pescado, verduras, frutas, pan y grano de forma regular, así como de la caza menor ocasional. La nobleza y la clase alta comión más carne de forma regular; sin embargo, la comida no faltaba en ninguna clase social. Todo el mundo bebía cerveza y el vino estaba presente solo en los hogares de los ricos y ricos y en la familia real. Los egipcios llevaban prendas sencillas, aunque la realeza tenía prendas plisadas blancas más festivas. Los egipcios comunes llevaban ropa hecha de lino, chales y sandalias tejidas. Arreglaban sus prendas hasta que ya estaban destrozadas Cuando eso sucedía, estas prendas se usaban como envolturas de momias.

Gracias a la momificación, los médicos del antiguo Egipto podían aprender más sobre el cuerpo humano, pero todavía no entendían cómo funciona exactamente el cuerpo humano. Creían que el cuerpo estaba compuesto por una serie de canales, como nervios y venas, que todos conducían al centro del cuerpo, el corazón. Si alguno de estos canales se inundaba, los médicos egipcios creyían que era la causa de alguna enfermedad. A menudo perforaban agujeros en las partes doloridos del cuerpo, con la esperanza de desatascar estos canales y eliminar la fuente de la enfermedad. Aun así, los médicos egipcios fueron considerados los mejores del Mediterráneo, combinando magia y rituales con conocimientos medicinales y diagnósticos.

La realeza, la nobleza y los funcionarios de la corte vivían en prosperidad. Los escribas también disfrutaron de un estilo de vida cómodo, ya que se creía que fueron elegidos por los dioses para registrar los acontecimientos a través de la palabra escrita. Todos los sacerdotes y médicos eran escribas, pero no todos los escribas estaban involucrados en esos campos. Hombres y mujeres por igual podrían convertirse en médicos y escribas al obtener una educación superior. Sin embargo, estas profesiones eran predominantemente ocupaciones masculinas.

Los campesinos de clase baja eran en su mayoría granjeros, que tenían pequeños jardines privados que cuidaban sus esposas mientras ellos trabajaban en los campos de los nobles. Mantenían algunos de los cultivos para sí mismos como compensación por su trabajo, y el resto se dio a los terratenientes. La clase social más baja con menos comodidades fueron los esclavos. Los esclavos eran generalmente personas que habían violado la ley, tenían que pagar una deuda o eran extranjeros capturados en la guerra. Los esclavos podían ganar su libertad después de pagar sus deudas o de ejecutar una sentencia laboral.

La vida cotidiana en el reino de los hititas

Si viviera en el reino hitititas hace unos 3.500 años en el área del centro de Anatolia, lo más probable es que hubiera sido una mezcla étnica de luwiano, hurriano e hitita, tal vez incluso griego y cananeo. La tasa de mortalidad de los niños era alta, por lo que cualquier padre tenía suerte de ver a su hijo sobrevivir más allá de los cinco años. Muchas familias tenían más de seis a siete hijos, especialmente familias de clase alta, ya que podían pagar a los médicos y una buena atención médica para sus bebés. Las niñas y los niños fueron bienvenidos al mundo por igual y se les dieron nombres femeninos, masculinos o neutrales en cuanto al género. Los jóvenes comenzarían a aprender y formarse para su profesión a la edad de siete años, por lo general aprendiendo su oficio familiar. Los niños comunes normalmente aprendían a cultivar o hacer cerámica, mientras que las niñas aprendían de sus madres a cocinar y tejer. Los niños también aprenderían a escribir cartas cuneiformes durante horas.

Las mujeres están representadas en el arte hitita antiguo con el pelo largo y oscuro, y los hombres se muestran con el pelo largo hasta los hombros y una cara perfectamente afeitada. Los hombres llevaban *kilts* con túnicas y cinturones de cuero, mientras que las mujeres llevaban vestidos largos. Todas las prendas estaban hechas de lana o lino. Las mujeres casadas también usaban velos. Los hititas teñían su ropa, usando azul, rojo, blanco, verde, negro y amarillo. Los ricos podían presumir de su riqueza con tinte púrpura, que era importado de Lesbos o el Levante, y llevaba joyas.

Parte del reino se encontraba a las afueras, por lo que uno se consideraría afortunado si vivían en el centro. La mayoría de la gente vivía en pequeños pueblos rodeados de árboles y bosques espesos. Al igual que en Mesopotamia, la gente a menudo comía antes del trabajo y después del trabajo, mientras que algunos llevaban bocadillos al trabajo, como pan y cerveza. El pan se hacía generalmente de cebada y trigo, pero también podía hacerse con lentejas y frijoles. Los hititas comían distintos tipos de pan, y uno de ellos era el pan de miel. La miel era un alimento común en el reino. La dieta de un hitita promedio incluiría productos lácteos, verduras, frutas y carne. Los plebeyos del reino hititas podrían haber comido carne más a menudo que los plebeyos en las civilizaciones vecinas de Egipto y Mesopotamia. Comían guisantes, pepino, zanahorias, puerro, dátiles, cebolla, ajo, uvas, granada, frijoles, aceitunas, lentejas, leche, mantequilla y queso. Los tipos populares de carne eran cabra, oveja, vaca, y a veces caza silvestre. Muchos platos estaban aromatizados con comino y cilantro, y algunas de las comidas más populares eran gachas y guisos con carne y verduras. Los hititas bebían agua, leche, cerveza y vino, e incluso bebían una bebida que era una combinación de vino y cerveza.

Había tres clases sociales distintivas: superior, inferior y esclavos. La clase alta incluía a la realeza, la nobleza, los funcionarios de la corte y las personas con ocupaciones lucrativas. Los hombres de clase alta eran líderes de distrito, y trabajaban y vivían en la corte real o en la propiedad. La clase baja estaba compuesta en su mayoría por campesinos. Los esclavos eran considerados como la clase social más baja, y tenían poca o ninguna libertad para tomar sus propias decisiones. Los esclavos fueron hechos a través de conquistas y castigos, como en otras culturas del antiguo Oriente Próximo.

La vida cotidiana en la Babilonia de Hammurabi

La Babilonia de Hammurabi fue probablemente una de las ciudades más bellas del antiguo Oriente Próximo. Hammurabi quería honrar al dios patrón Marduk con una ciudad gloriosa proporcional al poder de esta deidad. En ese momento, cada ciudad en el Imperio babilónico tenía su propia deidad como patrón, y el centro del imperio, Babilonia, estaba protegido por Marduk. La ciudad tenía paredes altas y fuertes enmarcadas con una rica vegetación. Los veranos eran calurosos y secos, así que la gente pasaba tiempo en los tejados por la noche y por las mañanas para tratar de conseguir un poco de brisa refrescante. Incluso dormían y cocinaban en los tejados. Los más ricos podían permitirse techos protegidos con cuatro paredes para crear una sombra del sol, y por lo general cultivaban árboles de uva para la comida. Incluso los más pobres de la ciudad tenían tres niveles de espacio habitable. La azotea era quizás el nivel más importante de la casa. Cada casa tenía un jardín pequeño o grande, donde las mujeres guardaban aves de corral, ovejas o unas pocas cabras, junto con el cultivo de frutas y verduras.

La ciudad tenía paredes altas y calles estrechas, y todas las puertas eran accesibles desde la calle. Las calles también se utilizaban para la basura. La gente solía tirar su basura en las calles, frente a sus casas. El olor era probablemente horrible, y este problema se resolvería de vez en cuando por tener una capa de arcilla añadida a través de las calles de la ciudad. Como consecuencia, el nivel de las calles se hizo más alto, lo que requería escaleras para bajar a las puertas delanteras.

Los Jardines Colgantes, una de las siete maravillas del Mundo Antiguo, estaban en Babilonia, aunque no se sabe con certeza si existieron en absoluto. Se cree que fueron creados por Nabucodonosor II, que quería hacer algo hermoso para su esposa, ya que ella era muy nostálgica. En el centro de la ciudad había una estela con la ley de Hammurabi grabada en piedra. Esta estela proporcionaba leyes que tenían que ser honradas para mantener el equilibrio en la ciudad pacífica.

Con las regulaciones legales apropiadas llegó la prosperidad. Pronto, se convirtió en un importante centro de comercio, y la gente podía comprar cualquier cosa, desde abrigos y joyas hasta queso, leche, pescado, carne y verduras y frutas frescas. El vino era una de las bebidas más populares en Babilonia. El pan era el principal alimento básico en la ciudad y el Imperio babilónico en general.

Según el código de la ley babilónica, había tres clases sociales distintivas: los *awilu* (la clase alta, es decir, la nobleza), los *mushkenu* (la clase baja) y los *wardu* (los esclavos). A diferencia de Egipto y el reino hitita, las mujeres y los hombres no eran tratados por igual, y la ley prescribía diferentes castigos dependiendo del género del perpetrador.

Capítulo 10 – El nacimiento de las religiones en el antiguo Oriente Próximo: La cuna de la civilización y los dioses

La Media luna fértil no era solo una de las cunas de la civilización. También fue el lugar de nacimiento de las religiones que todavía están vivas hoy en día, con dioses que todavía son adorados. Las guerras, el hambre, las sequías, las inundaciones, la muerte, el sol, la luna, la noche y el día— todas estas experiencias, acontecimientos y fenómenos naturales debían explicarse, y el origen de estas cosas a menudo se identificaba como la voluntad de los dioses o una manifestación de los propios dioses.

El politeísmo estaba profundamente arraigado en las tierras y civilizaciones de la Media luna fértil. Los asirios y babilonios creían que los dioses eran protectores de la humanidad. Sin embargo, se creía que estas deidades también eran capaces de enfadarse. Las civilizaciones antiguas creían que, si algo malo les sucedía, por ejemplo, la guerra, el hambre o la sequía, debían de haber hecho algo mal para enojar a los dioses.

Religiones en Mesopotamia

Los ciudadanos de Mesopotamia tenían cientos de dioses y cultos de la deidad, ya que había diferentes deidades para cada profesión y cada ciudad. Los dioses que protegían las ciudades mesopotámicas eran considerados patrones de la ciudad, y también había dioses importantes que controlaban reinos importantes de la vida en el mundo antiguo, como el cielo, el sol y el aire.

Anu era el padre y creador de todos los dioses, y él era el dios del cielo, desde donde gobernaba el universo. Utu era el dios del sol y también el facilitador de la justicia y la verdad. Otras deidades importantes eran Enlil, el dios del aire; Inanna, la diosa del amor y la guerra; Nanna, el dios de la luna; Enki, el dios del agua dulce, la magia y la sabiduría; y Ninhursag, la diosa de la tierra. Las deidades mayores eran adoradas por los reyes, mientras que los plebeyos de Mesopotamia prestaban más atención a los dioses personales, a quienes consideraban sus ángeles guardianes. Los reyes mostrarían su devoción a las deidades mayores al encargar templos, y cada templo tenía su propia deidad.

Las civilizaciones de Akkad, Sumeria y Asiria compartían algunas de sus creencias religiosas y mitología, aunque hubo cambios menores en la historia de la creación de la Tierra y los nacimientos de los dioses y sus nombres.

Religiones en el antiguo Irán

Las culturas del antiguo Irán tenían muchas creencias y religiones espirituales diferentes, que incluían el yazdanismo, el mandanismo y el zoroastrismo, entre otros. El pueblo de Mitanni, que entró en conflicto con los antiguos egipcios en varias ocasiones, practicó el zoroastrismo, que es una de las religiones más antiguas del mundo practicada continuamente. El zoroastrismo fue fundado por el líder espiritual Zoroastro, también conocido como Zarathustra. Sus escritos centrales están contenidos en el *Avesta*, que es una recopilación de textos religiosos. El dios principal es Ahura Mazda, traducido como el «señor sabio». Ahura Mazda es proclamado como el creador supremo del universo, y está dividido en tres: la tierra, la atmósfera y el cielo. Lo opuesto sería el dios Angra Mainyu («pensamiento maligno»), que en realidad es la encarnación de un espíritu destructivo. Ahura Mazda dio a la gente libertad para que pudieran elegir entre estas dos deidades. Esta religión cuenta una historia sobre el mundo del bien y del mal, combinada con la ideología de que el bien siempre prevalecerá.

Religiones en Anatolia

Antes de que el judaísmo, el cristianismo y el islam se formaran como religiones principales en Asia y Europa, la mitología mesopotámica y la religión politeísta dominaban Anatolia. Las civilizaciones de Akkad, Sumeria y Asiria compartían algunas de sus creencias religiosas y mitología, aunque había diferencias menores en la historia de la creación de la Tierra y el nacimiento de los dioses y sus nombres. Los hititas también utilizaron algunos elementos de la religión mesopotámica, combinados con la religión protoindoeuropea. La religión protoindoeuropea representa una colección de mitología que incluye griego, romano, eslavo, celta, báltico e incluso hititita. Hay muchas similitudes entre las mitologías de las civilizaciones, especialmente con respecto a la creación, el inframundo (otro mundo), la vida después de la muerte y las principales deidades. Las creencias espirituales de los hititas también fueron influenciadas por los hurrianos, una civilización vecina. La mitología y la religión de los hititas permanecen incompletas hasta el día de hoy, ya que no todas las escrituras religiosas sobrevivieron a los estragos del tiempo. Lo que se sabe hoy en día acerca de su religión es que las deidades se mostraban comúnmente en las espaldas de diferentes animales, mientras que algunos dioses se mostraban como animales. Los hititas adoraban a sus dioses a través de piedras *huwasi*, que se consideraban sagradas y se colocaban en templos o entre árboles y plantas. Una deidad hitita principal conocida por la historia es el dios sol. Además, el reino hititita era conocido como el reino de los mil dioses, ya que su religión se asimilaba con la mesopotámica, hurriana, cananea y hatiana.

Religiones en el Levante

En el Levante, las religiones dominantes eran el yahwismo y la religión del antiguo pueblo cananeo. El yahwismo una religión monolatrista, se remonta a la Edad del Bronce tardía o a la Edad del Hierro temprana. El yahwismo estuvo relacionado con la cultura cananea hasta que Yahwism separó su identidad espiritual de la supuesta herencia cananea miles de años más tarde en el siglo VI a. C. Yahweh comenzó como una deidad en el control de guerras y tormentas. También controlaba un ejército celestial, llevando a sus guerreros sagrados a las batallas contra los enemigos del reino israelita. Yahweh fue adorado con otros dioses y diosas, que significaban diferentes fenómenos, protección local, profesiones y cuerpos celestiales, similares a la religión en Mesopotamia o Egipto. No está claro cuándo llegó el yahwismo al Levante, aunque se presume que esta religión podría haber sido atestiguada a principios del siglo XI a. C. Los dioses cananeos fueron adorados junto a Yahweh durante siglos —durante al menos 500 años— mientras Yahweh se convirtió en la deidad nacional de los reinos israelitas en la Edad del Hierro.

La religión cananea es considerada como una de las primeras formas de antiguas religiones semíticas, y representaba una compleja línea de deidades que estaban relacionadas entre sí. Gobernaron a los humanos y a los cielos. El y Asherah eran las deidades primarias. El significado literal de El es deidad o dios. El era el padre de los otros dioses. Asherah era la diosa madre y también se menciona en escritos de los hititas y acadios. La religión cananea también puede ser categorizada como una religión monolatrista, ya que prescribe constantemente adorar a una sola deidad, al tiempo que reconoce que otros dioses y diosas también existen. Mientras que la religión cananea no es lo mismo que el yahwismo, yahwismo evolucionó de la religión cananea, más tarde transformándose en judaísmo. La transformación de estas religiones no está clara, pero puede haber comenzado con profecías y enmiendas religiosas hechas por los profetas Elías, Josías y Ezequías.

Religiones de Egipto

Algunas religiones, sin embargo, como el antiguo egipcio, por ejemplo, no podían completar una transición impuesta de creencias espirituales principalmente politeístas a una religión monoteísta. Los egipcios creían que su mundo era creado por los dioses, y como tales, podían estar a su favor o un objeto de su ira. Los faraones dedicaron sus reinados a construir y encargar templos a grandes deidades, que cambiaron a lo largo del tiempo. También pasaron sus vidas construyendo tumbas monumentales y emplearon complejos rituales funerarios para asegurar la inmortalidad de sus almas en el más allá.

Los egipcios creían que sus faraones tenían poderes divinos dotados de los dioses. Los faraones incluso actuaron como intermediarios entre el pueblo común y los dioses, y se creía que los dioses hablaban a través de las palabras y las acciones de los gobernantes. Los antiguos egipcios tenían que hacer ofrendas y realizar rituales para estas deidades, ya que estaban convencidos de que esta era la mejor manera de mantener conexiones sagradas.

Akenatón trató de convertir la religión egipcia al monoteísmo con su esposa, Nefertiti. Establecieron un culto religioso que giraba en torno a adorar a un solo dios llamado Atón, que era representado como el disco solar. Sin embargo, esta transformación no duró mucho. Después de varias generaciones, la religión politeísta fue completamente revivida por uno de los más grandes gobernantes del nuevo reino: Ramsés II.

Las deidades populares, sin embargo, cambiaron de una dinastía a otra e incluso de un faraón a otro. El culto a Horus tuvo la presencia más fuerte con las primeras dinastías. Otras deidades populares fueron el dios creador Amun, el dios del sol Ra, la diosa madre Isis, Set, Anubis, Horus, y la deidad monoteísta Atón. Incluso hubo cultos donde dos dioses se convirtieron en uno, como Amun-Ra, por ejemplo. Los egipcios también creían que los dioses podían manifestarse a través de los animales, por lo que tenían cultos animales. Muchas de sus deidades están representadas como mitad humana, mitad animal.

Capítulo 11 – Política y relaciones internacionales en la Media luna fértil

Las guerras tienden a diferenciar a los débiles y a los fuertes, y los reyes guerreros y faraones que llevaron a sus ejércitos a la batalla fueron alabados como grandes héroes antes y después de su muerte. Y tuvieron muchas oportunidades de probarse a sí mismos. Los imperios y reinos en el antiguo Oriente Próximo fueron devastados por rebeliones y guerras civiles, por no hablar de las guerras que los arrasaron totalmente. La primera guerra civil, una batalla por el trono, tuvo lugar en el antiguo Egipto antes de la unificación del Alto y Bajo Egipto alrededor del 3000 a. C. Las ciudades mesopotálicas de Lagash, Uruk y Kish lucharon por la hegemonía en la región en 2500 a. C. Estos conflictos llegaron a su fin con la llegada de Lugal-zage-si, que conquistó varias ciudades-Estado sumerias y derrocó a gobernantes de ciudades más pequeñas. Las guerras cambiaron rápidamente la escena política y geopolítica en el antiguo Oriente Próximo, a medida que los reinos e imperios pronto comenzaron a formarse.

La guerra no fue la única opción, aunque hubo muchas a lo largo del período del antiguo Oriente Próximo. También era necesaria la paz para la prosperidad, y algunos gobernantes parecían ser más hábiles en la diplomacia que en librar guerras. Sin embargo, casi todos los gobernantes dirigieron expediciones de guerra. Esto podría haber sido para expandir su imperio, pero las guerras también se llevaron a cabo para obtener bienes valiosos y únicos de otras regiones. Esto habría incluido artículos exóticos, alimentos, materiales de construcción y dedos. El comercio y la preservación de los recursos eran a menudo los principales motivos detrás de los tratados, ya que las guerras vaciaron las arcas de los reinos. Al establecerse en términos pacíficos, los gobernantes podrían conservar sus riquezas y también recibir bienes que no eran indígenas de su región.

Hubo muchas relaciones importantes entre los reinos del antiguo Oriente Próximo. Una de esas relaciones era entre Mesopotamia y Egipto. Esto comenzó en el cuarto milenio a. C. en el período del Egipto prehistórico y el período Uruk en Mesopotamia. Las dos culturas establecieron una ruta comercial e intercambiaron bienes y artes, y la influencia de ambas culturas era visible en Egipto y Mesopotamia. Durante el período Hyksos, Egipto estableció una relación diplomática con los hititas y Creta, y más tarde, el reino estableció una relación diplomática con Mitanni también.

Las relaciones entre los mesopotámicos, babilonios y asirios variaron en gran medida con el Levante. La guerra, el comercio y las relaciones diplomáticas eran comunes a lo largo de los siglos. Partes del Levante fueron incluso sometidas por Babilonia y Asiria como parte de la expansión de estos reinos.

Las guerras a menudo se entrelazaban con relaciones diplomáticas y tratados, lo que conducía a la prosperidad y la paz en las tierras que habían sido devastadas por las batallas. Sin embargo, las guerras también trajeron prosperidad a los vencedores, ya que trajeron tesoros a sus reinos. Los reinos y las ciudades-Estado que habían sido debilitadas por la hambruna, las inundaciones y otras catástrofes eran presa fácil de los reinos imperialistas, y a veces, esos reinos se veían obligados a usurpar otros territorios para resolver sus problemas mientras utilizaban el último de sus recursos para adquirir soluciones. Se formaron alianzas para repeler a los enemigos más fuertes y mutuos, y se organizaron matrimonios políticos para formar relaciones más fuertes entre los reinos y las ciudades-Estado.

Las relaciones en el antiguo Oriente Próximo eran dinámicas y dependían en gran medida de los gobernantes y de cómo querían abordar la situación. Estas relaciones fueron lo que hizo de la Media luna fértil fuera una de las cunas de la civilización.

Conclusión

Todos los poderosos imperios conocidos por la historia comenzaron como humildes asentamientos que más tarde se transformaron en algo espectacular. Fueron poderosos e influyentes, pero al final, experimentaron agitación y se desmoronaron. El dominio cambiante sobre las orillas de los poderosos ríos en el antiguo Oriente Próximo trajo vida y prosperidad a algunos, mientras que otros sufrieron. Los poderosos y los más poderosos estaban constantemente en guerra por el poder y el dominio. Sin embargo, la fuerza impulsora detrás del surgimiento de estas civilizaciones fue la fertilidad de la región.

Desde grupos nómadas hasta pequeños asentamientos que formaron una gobernanza compleja hasta las primeras ciudades-Estado, la Media luna fértil en el antiguo Oriente Próximo fueron testigos del ascenso del primer imperio. Observó cómo las religiones se desarrollaban durante miles de años, influyendo y convirtiéndose en algunas de las principales religiones de hoy en día. Nacieron dioses y reyes, y dioses y reyes murieron. Sin embargo, estos dioses y reyes aseguraron su inmortalidad a través de la palabra escrita. Esto es lo que separa las civilizaciones del antiguo Oriente Próximo de los muchos pueblos que habitaron la región.

Nuestro conocimiento de estos tiempos proviene de fuentes escritas, arte, estatuas, monumentos y objetos religiosos, rituales y cotidianos. Al igual que los países de hoy, estas civilizaciones libraron guerras, sufrieron sequías y hambrunas, y comerciaron y cruzaron caminos entre sí. Incluso milenios más tarde, todavía se siente como si estuviéramos siguiendo los pasos de los que vinieron antes que nosotros.

Vea más libros escritos por Captivating History

Referencias

- Gregory D. Mumford, *The Oxford Handbook of the Archaeology of the Levant: c. 8000-332 A. C.*, Editado por Ann E. Killebrew y Margreet Steiner

- William W. Hallo & William Kelly Simpson, *The Ancient Near East: A History*, Holt Rinehart and Winston Publishers, segunda edición, 1997. ISBN 0-15-503819-2.

- Marc Van de Mieroop, *Historia del Antiguo Oriente Próximo: Ca. 3000-323 B.C.*, Blackwell Publishers, segunda edición, 2006 (publicado por primera vez en 2003). ISBN 1-4051-4911-6.

- Ergil, Dou, PKK: El Partido de los Trabajadores del Kurdistán, en Marianne Heiberg, Brendan O'Leary, John Tirman, eds., *Terror, Insurgencia, y el Estado: Poner fin a los conflictos prolongados*, Universidad de Pennsylvania Press, 2007.

- Liverani, M., *Relaciones Internacionales en el Antiguo Oriente Próximo,* 2001. Palgrave Macmillan ESPAÑA, ISBN. 978-0-230-28639-9.

- *Atlas Cultural de Mesopotamia y el Antiguo Oriente Próximo,* Un libro de Andrómeda, Un libro equinox, Colección del Centro de Investigación Armenia, Archivo, 1990, ISBN 0816022186, 9780816022182.

- Jack M. Sasson, John Baines, Gary Beckman, Karen S. Rubinson, *Civilizations of the Ancient Near East,* Book1, Scribner, 1995.

- William H. Stiebing Jr., Susan N. Helft, *Ancient Near Eastern History and Culture,* Taylor & Francis, 2017, ISBN 1134880839, 97811348808366.

- Daniel C. Snell, *Life in the Ancient Near East, 3100-332 B.C.E. Nueva edición,* ISBN -13: 978-0300076660, ISBN-10: 0300076665.

- Louis Lawrence Orlin, *Vida y pensamiento en el antiguo Oriente Próximo,* University of Michigan Press, 2007, ISBN-10: 0472069926, ISBN-13: 978-0472069927.

- Donald B. Redford, *Egipto, Canaán e Israel en Ancient Times,* Princeton University Press; Nueva edición Ed, 1993, ISBN-10: 0691000867, ISBN-13: 978-0691000862.

- Mark Van De Mieroop, *El Mediterráneo Oriental en la Edad de Ramsés II,* ISBN: 9781405160698, ISBN:9780470696644.

- Pierre-Louis Gatier, Robert-Louis Gatier, Eric Gubel, Philippe *The Levant: Historia y Arqueología en el Mediterráneo Oriental,* Konemann, 2000, ISBN-10: 3829004958, ISBN-13: 978-3829004954.

- Nicolas Grimal, Ian Shaw (traductor): *A History of Ancient Egypt,* 1992, Oxford: Blackwell Publishing, ISBN 978-0-63-119396-8.

- Michael Rice: *Egypt's Making: The Origins of Ancient Egypt, 5000-2000 a. C.* Taylor & Francis, Londres/Nueva York 1990, ISBN 0-415-05092-8.

- *Luckenbill, Daniel David (1927). Registros Antiguos de Asiria y Babilonia. Registros antiguos. 2: Registros históricos de Asiria: desde Sargón hasta el final. Chicago: La Prensa de la Universidad de Chicago. Consultado el 3 de febrero de 2019.*

- *Arnold, Bill T. (2005). ¿Quiénes eran los babilonios? Brill Publishers. ISBN 978-90-04-13071-5.*

- DeBlois, Lukas *(1997). Una Introducción al Mundo Antiguo. Routledge.* ISBN 978-0-415-12773-8.

- Van De Mieroop, Marc *(2005). Rey Hammurabi de Babilonia: Una biografía.* Blackwell Publishing. ISBN 978-1-4051-2660-1.

- Liverani, Mario. *Imaginando Babilonia: La historia moderna de una ciudad antigua.* Traducido del italiano al inglés por Ailsa Campbell. Boston: De Gruyter, 2016. ISBN 978-1-61451-602-6.

- Seymour, M. J. *(2006). La Idea de Babilonia: Arqueología y Representación en Mesopotamia (tesis doctoral).* University College London. OCLC 500097655

- D. T. Potts, *The Archaeology of Elam: Formation and Transformation of an Ancient Iranian State.* Cambridge World Archaeology. Cambridge University Press, 2015 ISBN 1107094690

- Bierbrier, M. L. *El Nuevo Reino Tardío en Egipto, C. 1300-664 B.C.: Una investigación genealógica y cronológica.* Warminster, Inglaterra: Aris & Phillips, 1975.

- Thomas, Egipto de Angela P. *Akenatón.* Shire Egiptología 10. Princes Risborough, Reino Unido: The Shire, 1988.

- Morkot, Robert. *Una breve historia del Nuevo Reino Egipto*. Londres: Tauris, 2015.

www.ingramcontent.com/pod-product-compliance
Lightning Source LLC
LaVergne TN
LVHW041639060526
838200LV00040B/1641